沖縄人物シネマ

会った人、すれちがった人

牧港篤三
TOKUZO MAKIMINATO

ボーダーインク

まえがき

ここに集めた文章は、私が直接会った評論家や小説家、陶芸家、芸能人、画家、ジャーナリストたちの印象記でありエピソードである。直接会ったとはいっても、数十年にわたって交流した方もおれば、数日間行動をともにした方もいる。中には文字通りすれちがっただけの人もいる。交流の度合いも印象も濃淡さまざまだが、私にしか知りえないことどもが幾分かはあると思われたので、書き綴ってみた。

本書は二章に分かれている。第一章はヤマトからやってきた文化人たちをあつかい、第二章は沖縄出身者をあつかっている。第一章でとりあげた方々は、作品を通して幾らかの予備知識を持っていたが、大方は初めて顔を合わす人がほとんどであった。私は、この未知なる人たちの仕草や片言隻句を聞き漏らすまいと、全神経を傾けていたような気がする。

第二章であつかった人たちは、沖縄出身者だけあって、付き合いも長く気心の知れた方々が多い。戦時中の砲弾の下をともにくぐり抜けた方や、職場の同僚として机を並べた方、つい最近まで公私ともにお付き合いのあった人たちである。しかしその方々もいまは亡い。

私は昭和一一年に沖縄朝日新聞社に入社した。そして昭和一五年の新聞統合による沖縄新報社を経て、戦後は創立メンバーとして沖縄タイムス社に入社して、退職するまでの六〇余年を新聞人として過ごしてきた。その間に接触した方々は枚挙にいとまがない。戦前は駆け出しの記者として取材する立場から、戦後は新聞記者として、あるいは経営に参画して講演会や各種行事を主催する立場から。したがって本書は、人物記であると同時に私の半生記でもあるといえそうである。

ここで文春文化講演会についてちょっとふれておく。本文にも書いたが、敬愛する先輩の豊平良顕氏が、文藝春秋社と提携して、有名作家たちを招いて沖縄各地で講演させるという企画をいつ頃からあたためていたかは知らない。いずれにしても、一九五九年に第一回文春文化講演会が開催された。編集局次長の頃で、私はその担当者を任じられた。

講演会は琉球放送と共催で、那覇のタイムスホールを皮切りに、コザ（現沖縄市）、名護の順に行われた。いまでこそテレビや雑誌などで著名人に触れる機会は少なくないが、その頃は活字で名前に接するのが関の山ではなかったか。講演会は、直に話が聞けるということに一流作家の顔が見られるという興味も加わって、どの会場も聴衆で一杯であった。沖縄タイムス社では、文春文化講演会に続いて婦人公論文化講演会を開催するようになった。いずれの講演会も戦後の沖縄の人々の文化的・精神的な渇を癒すものであった。

なお本書を書くにあたって、『新潮日本文学辞典』（新潮社）、『沖縄人物三千人』（沖縄タイムス社）、『沖縄大百科事典』（沖縄タイムス社）新城栄徳氏の「沖縄近代文芸略年表」（『新沖縄文学別冊'91沖縄近代文芸作品集』）、同じく新城氏の「来訪者略年表（一九四五～七二）」（新沖縄文学No94）が大変参考になった。記して感謝致します。本書はすべて書き下ろしだが、第一章に収録した「素晴らしい映像の遺産」だけは『沖縄・昭和10年代』（新星図書出版）からの再録である。

二〇〇四年三月

牧港篤三

沖縄人物シネマ　目次

まえがき

第一章　沖縄を訪れた偉才たち

一「琉球の富」に魅せられた巨匠たち

日本民芸協会同人の沖縄訪問　（バーナード・リーチ、浜田庄司、柳宗悦）

実は私はＣ・Ｗ・ニコルの本『青春の世界武者修行』（訳 松田銑・角川選書）を読むことによって、バーナード・リーチさんの消息を知った。

Ｃ・Ｗ・ニコルは一九四〇年、英国はウェールズ生まれの柔道家で作家。一七歳の時に家出してカナダへ渡り、一九七五年には沖縄海洋博カナダ館副館長をつとめ、その後、小説『ティキシィ』、エッセイ『冒険家の食卓』等を著わしている。

彼は書く。「一九七九年、わたしは日本に帰って来て、鯨取りの漁夫たちを主人公とする長い歴史小説のための調査に手をつけ、文藝春秋社の広々としたラウンジで編集長と話し合った。翌朝わたしは有名なイギリスの陶匠バーナード・リーチが、イギリスのコーンウォール州セント・アイブスで逝去したという記事を読んだ。わたしは、あの巨匠とほんの数時間しか会わなかったにもかかわらず、取りかえしのつかないものを失なったように感じた。」

ああとうとうリーチさんも亡くなってしまったのか、という思いがした。実は陶匠浜田庄司さんも、大原総一郎さん（日本民芸協会会長、倉敷レイヨン社長）も皆あの世に行ってしまったんだという淋しさは、彼らが沖縄の友人であり、いつも沖縄のことを考え、思っていた人たちだったからである。沖縄にとってある意味では得難い教師であり、理解者であった。

日本民芸協会同人と沖縄の関係を語る前に、まず運動のリーダー柳宗悦と沖縄との出会いについて語る必要がある。ほかの同人たちも、沖縄にやってきて少なからず関係を深めるが、柳宗悦個人とその思想がどう沖縄に働きかけたかを知る必要があろう。

柳宗悦（一八八九～一九六一年）は元白樺派の同人で文学者として出発しているが、後に民芸運動の創始者となる。一九三八（昭和一三）年一二月から四〇年七月にかけて四回にわたり、民芸協会同人たちと沖縄を訪れ、約一〇〇日間滞在して、沖縄本島各地の民芸の調査・収集、史跡、文化財等を調査、視察をしている。柳には「琉球の富」、「琉球文化の再認識について」、「沖縄人に訴えるの書」などの著作がある。第三回訪沖のとき、沖縄県の標準語励行運動の行き過ぎを批判したのがきっかけで、ほぼ一年に及ぶ方言論争がはじまった。

その頃の沖縄は、国家総動員体制が進行中で皇民化運動がすすめられており、柳の主張を支持するものは、一部の県民にとどまった。戦後に至って、ようやく柳の文化論を理解するものがあらわれ、米統治下にあって固有の文化の見直しや復興に努める文化人や工芸人の理論的、精神的拠りどころとなった。その気運をつかんで、自ら推進力となったのが新聞人である豊平良顕氏で、彼は新聞という武器を上手に使って運動を展開し、沖縄の民芸運動のいしずえを築いたことは有名である。

柳宗悦の始めた民芸運動がひろがり、民芸愛好家たちによって組織される第一八回全国民芸大会が、一九六四（昭和三九）年四月一一日から四日間にわたって、那覇市で催された。沖縄で大会が開かれること自体未曾有のことであったが、憧れの民芸の宝庫・沖縄を訪ねるということは会員一同にとってもまたとない機会であり貴重な体験であった。また民芸のお歴々が顔を揃えるということで、迎える沖縄側も大いに張り切った。

一九三八（昭和一三年一二月）年という年は、沖縄に初めてやってきた民芸運動のリーダー柳宗悦一行が、「琉球の富」（柳の著書名でもある）に接して魂を奪われたことでも記念すべき年だが、あれから戦争をはさんで二六年後、民芸の巨匠たちが再び

日本民芸協会沖縄調査団一行　昭和14年
上列左から1番目山里永吉、4番目保田与重郎、
9番目浜田庄司、11番目坂本万七。
中列左から7番目柳宗悦。前列左から5番目棟方志功。
（『沖縄・昭和10年代』新星図書出版より）

大挙してやってきたことは、沖縄が彼らにとってそれほど魅力に富んだ存在であったことを証している。

第一八回全国民芸大会の時は柳宗悦は他界しているので、沖縄を訪れたのは、まだ元気だったバーナード・リーチ、出雲和紙の安部栄四郎、染色の岡村吉右衛門、同じく紅型研究家で染色の芹沢銈介、陶匠の浜田庄司、染色の外村吉之助、日本民芸協会長大原総一郎といった民芸運動の代表的逸材であった。第一回の柳宗悦一行と肩を並べる顔触れといってよい。

羅漢と菩薩（バーナード・リーチ、浜田庄司）

第一八回全国民芸大会にやってきた民芸の巨匠たちの中で、とくに異彩を放ったのはイギリス人の名陶匠バーナード・リーチである。リーチは同じく陶匠の浜田庄司氏とは肝胆相照らす仲で、沖縄流に言えばクビチリドシ（刎頸の友）の間柄であった。

リーチ氏は一八八七年に香港で生まれた。父は法律家であったが間もなく母親と死別して、同志社で英語の講師をしていた祖父母に引き取られ、京都で幼年期を過ごし、母国イギリスへ帰って教育を受けた。ロンドンのスレイド美術学校へ入りブランギーンのもとでエッチングを学んだ。その頃、リーチは小泉八雲の本を読んで打たれ、日本を再訪して、詩人の高村光太郎の知遇を得、あの有名な雑誌「白樺」の同人たちを知る。日本では千葉県我孫子に住み、柳宗悦を知るに及んで柳の庭へ窯と仕事場を持つ。そして志賀直哉、武者小路実篤、岸田劉生などと交わるうちに日本とその内面の世界を知るようになる。

浜田庄司は一九二四（大正一三年）年春、フランス、イタリア、エジプトを経て日本へ帰り、バーナード・リーチというイギリス人が田舎から健康性（芸術）を受け取ろうとしていることを知る。のちに英国はコーンウォール州の西南端、セント・アイブスに落ちつき、リーチと二人で焼物に没頭し、中世陶器のような薬かけなどを研究した。

浜田が結婚したての若い奥さんと二人で壺屋に住みついて、陶器づくりに精出したのは有名な話だが、栃木県の益子に居を構えた後も、沖縄の壺屋に来ては勉強を続けた。

禅問答

壺屋の窯が吐き出す煙が壺屋一帯に降り、洗濯物を干したら真っ黒になったと苦情のマトになり、とうとう陶工達が壺屋を捨てて他へ引っ越すようになって、焼物の里壺屋は昔日のおもかげがなくなり、いまは陶器を売る店構えの街と化してしまった。往時、民芸同人が魅了され、例えば浜田庄司のように虜にされてそこに住みついた焼物の里はすっかり変わってしまったが、全国民芸大会が催された頃は、まだ焼物の里は健在だった。

浜田庄司もバーナード・リーチもジロー（人間国宝の金城次郎）、サブロー（新垣栄三郎）の仕事場で陶器づくりに精を出していた。そんなときに交わす二人の会話はなんとなく禅問答みたいになる。

「ぼくは物をつくるときは何も考えないんだ。明日も太陽が上がることは確実だし、明日のことは明日にまかせる」とリーチ。笑ってそれには答えない浜田に向かって「君は菩薩だ」と言うと浜田は即座に、「いや、ぼくは羅漢できみこそ菩薩だ」とやり返す。するとリーチは「羅漢はこちらだよ」といった具合である。

首里の博物館でのこと。展示されている逸品にしばし感動したリーチは、拳でポンと額の真中を叩いた。そして「ここだ」と感嘆する。浜田庄司によると、「リーチが頭の前を叩く時は『智』の意味で、後ろは『情』を現す。情は伝統につながる」という。聞いているまわりの人はわかったようなわからないような表情である。リーチや浜田は陶芸の大家だが、上には上がいるもので、その大家ですら壺屋の伝統の前では、ロクロの前に坐って黙って陶器をつくるほかないという意味である。

リーチ、コーヒーカップに怒る

那覇での講演会が終わり、午後一一時過ぎの遅い夕飯をとるためゾロゾロと街をさ迷った。通りの店は大方閉まっていたが、ただ一軒店を開けているレストランをみつけ、これ幸いと店内にはいり、一同席についた。注文の品はビーフステーキと決まった。顔触れはバーナード・リーチ、浜田庄司、豊平良顕、大原総一郎、牧港篤三だった。

そこで最初に文句をつけたのは羅漢ことリーチで、槍玉にあがったのは中味のコーヒーではなく容れ物のカップだった。アメリカ軍のPXあたりでよくみかける分厚い大きなカップで、第一口をつけた感触が嫌味たっぷり。

イギリスのコーヒーカップは小さい。巨大なカップに接するのは初めてで、粗野な兵隊用、そうアメリカ軍隊のメッスホールにふさわしいとリーチは思ったらしい。御機嫌ななめのイギリス人に菩薩の浜田庄司が「リーチ、郷に入れば郷にしたがえという日本語は知っているだろう」とたしなめた。ブツブツ言いながら分厚いビフテキをナイフで切っていたリーチが、肉を口に運んだかと思うと、目を白黒させた。ビフテキが咽喉に詰まってしまったのである。背中をさするやら叩くやらの騒ぎであった。

肉片は、やっと食道を降りていったらしく、リーチは安堵の涙を流し騒ぎはやんだ。リーチ七七歳、浜田七〇歳だった。

イギリス、沖縄、益子

浜田庄司は新婚旅行をかねて大正一三年と一四年沖縄を訪れ、そのまま壺屋に住み込んで陶器研究に打ち込んだ。その頃、壺屋に古い小堀（クムイ）があって、そこで少年のジロー、サブローが裸になって池に入って水浴びをして遊んでいたと、浜田が語ったことがある。

浜田は起きぬけにスケッチブックを抱えてよく散歩に出た。壺屋の裏は広いキビ畑で、その間を軽便鉄道が走っていた風景を私も憶えている。台風の吹き荒れた翌日の朝など、スケッチブックに描かれたのは倒れた甘蔗で、この甘蔗の絵は自作の壷などの模様（図形）として、浜田のトレードマークとなった。

益子に移り住んだあとも壺屋のことが忘れられず、口ぐせのように「私の仕事はイギリスから出発し、沖縄で育ち、そして益子で完成した」と述懐している。浜田は、長男が生まれた時、琉球の琉の字をとって琉司と名付けている。

民芸同人が沖縄で買い入れ、本土に持ち帰った品々は多方面にわたっていて、その数はかなりの量にのぼるといわれている。ことに浜田が収集した紅型や型紙は柳宗悦の目にとまり、やがて柳の沖縄訪問の転機を生む。

宝を所有している者は、それが宝であるかどうかについて深くは知らないし、気づかない。宝を宝だと知らないあっけらかんとした天衣無縫ぶり。それが宝を所有する者の真の特権である。

民芸同人の大物たちが沖縄にやってきて目を瞠り、二束三文で買い集めた品々は、今や大きな貴重な収集作品で、日本民芸館はその収蔵で知られている。

「琉球の富」に魂を奪われた巨匠たち

二人の聴衆を相手に講演　（大原総一郎）

第一八回全国民芸大会では、午後七時から大会記念行事の一つとして、大原総一郎の講演と浜田庄司、バーナード・リーチの対談が行われることになっていた。

先陣を承る大原の講演の時刻が近づいているのに、広い会場に聴衆はたった二人。人の集まるまで待とうとこちらが提案しても「たった一人でもやりますよ」と言って、さっさと二人の聴衆を相手に講演を始めた。話の内容ははっきりは憶えていないが、琉球大学の東江平之氏の「沖縄人の意識構造について」と題する紀要か何かを手に入れて、それに触れて話しているらしい。多分、そんなに沖縄人は気を使う必要はないという意味の反論だったような気がする。話が佳境に入る頃、なんと会場は溢れんばかりの聴衆で一杯になっていた。大原総一郎氏は「沖縄タイム」を知っていたのか知らなかったのか、それはわからない。

羅漢と菩薩の対談は例によって禅問答めいて、二人で勝手に熱をあげているうちに幕であった。

日本民芸協会の指導者たちにとっては、沖縄が近代化していく姿がどうにも気にくわなかったようだ。沖縄はいつまでも昔の色合いをたたえ、人情、風俗すべて古い形そのものを維持してほしい、という願望があった。

当の沖縄人にいわせると、ちょっと困りものだが、彼らにすれば、時代の波をかぶり変わっていく姿を見ると、愛惜のあまり意識の中でこれを温存しようと努めたようである。

そのせいかどうか、彼らは沖縄人同様に沖縄そば（スバ）を好み、あまり知られていないいい味の店をいち早く探し出し、あそこのスバは美味だと逆に沖縄の人間に教えて満足するというところがあった。それは彼らの記憶としても強烈に宿っていて、後々まで自分が発見したそば屋を自慢にするところがあった。

危険人物（柳宗悦）

これはいつだったか、年も月も忘れたが、浜田庄司さんが館長をしていた頃、日本民芸館を訪ねたことがある。益子の浜田邸を二、三日前に訪れ、浜田さんが東京へ戻るというのでよいチャンスと思ってついて行ったのだが、益子と東京を往復して暮らす浜田さんの精力には感心した。

日本民芸館にはその時すでに故人になっていた柳宗悦以下の民芸同人が、せっせと集めた沖縄の紅型の型紙や読谷、首里など各地の上布、工芸の宝物がわんさと収集整理してあって、眺めるだけでも精力を使いはたすほどであった。見学を一応切り上げて奥まった庭の部屋に通されると、浜田さんは大事そうに置いてある厨子甕に向かって軽く合掌して、線香を炊いた。かねてから柳宗悦はこの厨子甕を指して「私はこれに入る」と語っていたという。遺言によって、柳宗悦はお気に入りの厨子甕に入った。

その柳宗悦は、生前、三回目の調査の時、おりから県学務課が音頭を取り、県下に展開している方言撲滅運動とぶつかった。運動の行き過ぎに怒り、沖縄の新聞で厳しく批判したのである。

世にいう方言論争ははじめ沖縄県学務課と柳の間で行われたが、やがて多くの人々を巻き込んでいった。その頃、日本は軍国主義の方向に走り出していて、県でも戦時下（十五年戦争）の新生活運動の旗を掲げて、沖縄の古い風俗や言葉や文化の類を圧迫したのである。これに対して柳は、沖縄の言葉は本土の古語をよく保存しているとして、これを新生活運動の名のもとに撲滅しようとしている県の態度はおかしいと反発した。県は柳の主張を、標準語を否定する暴論として受け止め、互いに新聞に公開状を出し、対立は激化していった。論争はいつの間にか本土に飛び火して、朝日新聞や文藝春秋も論争の場となり、沖縄に対する本土の目が注がれる結果となった。

柳は、「琉球の富」を映像にしたいという熱心さから幾つかの短篇文化映画を製作した。

「琉球の民芸」「琉球の風物」などがそれで、文化映画コンクールでベストテンにも入った。私もこれらの映画を観たが、勿論、モノクロで、琉球の踊り「チジュヤー」は、大家といわれる人々の若い頃の踊りがみられる点でも貴重である。柳氏の著書『琉球の富』『琉球の人文』を読むと文字は炎のように熱を持ち、ほのぼのとした情感を感じさせる。

沖縄を四度も訪れ、あちこち歩きまわり、気に入った民芸、即ち彼のいう「用の美」を満たしている品々に遭遇したら、いち早くこれを手中に収める。その熱心な買い物が時には誤解も生んだようだが、日本民芸館の薄暗い館内にこれらの品物の息づかいをきく者にとって、それこそ宝の殿堂であることに想いが行く。

柳宗悦が沖縄でどんな行動をしたか、人との接触、文化との触れ合いなど、行動し動きまわる柳を見て、官憲は奇異な眼で眺めたであろう。首里の丘に立ってはるかな風景をカメラにおさめているところを、スパイ容疑で警察につかまったり、とにかく柳は、当局にとって危険人物であった。

双眼鏡と桜　（棟方志功）

棟方志功氏は柳宗悦氏と親交を結ぶに至って、沖縄行きが実現したと思うが、民芸調査団はつごう四回沖縄入りをしていて、棟方が加わったのが、三度目だったのか四度目だったのかハッキリしない。ただ那覇港の桟橋に汽船が着く時も、離れる時も賑やかさを通りこして、狂人乱舞の態だったことを憶えている。勿論戦前のこと、飛白（カスリ）の着物に質素な袴、それに下駄ばきという書生風ないでたちであったが、小さい太鼓を打ち鳴らし、デッキの上で踊り狂う姿は格別だった。

ひどい近眼で、板の上に額をすりつけるようにして版画を彫る姿が見物だった。興が乗ればどこでも彫る。出雲和紙の安部栄四郎の家に長いこと食客になった時に製作を始めたのが、佛教的境地を描いた「釈迦十大弟子」の傑作となった。

戦後の来訪の時、影の形に添うようにいつも奥さんがより添っていた。あの豊満な女体の女人像は、奥さんがモデルときいたことがある。晩年の文豪谷崎潤一郎の小説『鍵』の挿絵は天下の耳目をさらった。あの小説はベストセラーとなったが、掲載の中央公論はたちまち売り切れ、一時は店頭から姿を消したほどだった。

単独で何度目かに沖縄に来た時は、文化勲章を貰い、またサンパウロ国際ビエンナーレ国際大賞、ベネチア・ビエンナーレで国際大賞を受けるなどおしもおされもせぬ国際的大家であった。むかし沖縄通いの船の上で太鼓を叩いて踊り狂った姿がウソのような落ちついたものであった。

京屋という首里在の料亭で棟方氏と一緒に昼食を共にしたが、庭に桜の花が咲いているのが話題になった時、棟方氏は傍の奥さんをうながし、双眼鏡を取ってこさせ、「どれどれ…」とのぞいた。これには一座の者が驚いた。桜は縁をへだててわずか三メートルと離れてはいないのである。

棟方志功は青森県の鍛冶屋に生まれ、小学校を出ると青森地裁で働き、傍ら絵画を独学、一九二四（大正一三年）年上京して、川上澄生の影響で版画の道に入った。そして河井寛次郎に学び、柳宗悦ら民芸運動の人たちと交遊した。一九七五（昭和五十）年没。

紅型をつくる家　（岡村吉右衛門、芹沢銈介）

岡村吉右衛門さんは、沖縄にとって古い訪問者の一人であり、また気心のわかる得がたい知己である。

岡村さんは一九三九（昭和一四）年三月に、東京から第一回沖縄民芸調査団が来島したとき、柳宗悦、河井寛次郎、浜田庄司、芹沢銈介、外村吉之助ら民芸の大家にまじって、弱冠二十才で加わっている。民芸の宝庫を目の当たりにして、岡村さんは強いインパクトを受けた。方言で言うミークラガン（強烈な印象を受けた時、目の前が暗くなり、何が何やらわからなくなること）である。

岡村さんには忘れがたい懐かしい思い出がある。それは芹沢銈介氏と共に私もおともして、那覇のあちこちを歩いて、紅型を実際に作る家を見学したのである。物見遊山とはわけが違う。そして、岡村さんは久米町のチネングヮー（知念）や久茂地のシナファグヮー（瀬名波）（「グヮー」とは「小」と書き、愛称の意味がある）に三か月間逗留して、紅型の工程実技などをしっかり勉強したのである。

おそらくあの頃が昔の紅型製作の最後の姿だったと思うと、貴重な体験であった。ある意味では、沖縄を認識したことによって民芸への開眼にもつながったと、岡村さんは語っている。

芹沢銈介氏は、一九一六（大正五）年、旧制東京高等工業学校図案科を卒えているが、柳宗悦とめぐり合い、これまでのデザイン研究を変じて染色に打ち込むようになった。そして一九三九（昭和一四）年、宿願の沖縄訪問が実現することによって、彼の紅型研究の第一歩が始まったといってよい。

染色の芹沢、紅型の芹沢として世に知られるようになるには、沖縄との接触をまだ続けなければならないが、感激の沖縄とのめぐり合わせを「あの、那覇の桟橋で、先着の柳先生に迎えられ、そして人力車に乗せてもらい、がじゅまるの並木道を通った時のわくわくした気持ちを今でも思い出すことができる」と、何かに書いている。

現在は、沖縄の紅型は、戦前より盛んになっているが、戦争直後は紅型の空白時代があったと芹沢は回想している。それが今ではむしろ戦前には見られないほど盛んになった。城間栄喜氏（城間紅型工房、沖展工芸部会員。一九〇八［明治四一］年三月四日、那覇市久米町生まれ）らが家業としての紅型の再興・発展につくしたことにもよるが、豊平良顕氏等が古典音楽、舞踊の振興につとめた結果、琉球舞踊人口がふえ、古典の踊り衣裳に紅型を用いるようになり、著しく需要がふえたためである。

芹沢さんの紅型応用の染色を何度も見たことがあるが、雑誌の挿絵ですら紅型の雰囲気であった。四十年間、紅型をやっていて素晴らしい応用の美を築きあげているが、どこか違う。在来の紅型ではないわけで、それはそれで一家をなしているが、本物の紅型ではない感じ。それは、浜田庄司さんの陶器にもいえることである。

大家の作品とはかかわりなく、壺屋は壺屋として存在感に満ちていると思った。

女人像に怒る　河井寛次郎

河井寛次郎は、一九一八（大正七）年浜田庄司氏と共に初めて沖縄を訪れ、壺屋（那覇市）の陶工たちと親交を深めた。河井は戦後、三度来島しているが、戦争で破壊された沖縄の文物について痛惜の思いをしていて、沖縄の民芸運動、即ち民芸復興こそ沖縄の復興に大きな力になると、陶芸作家らしい思いを抱いていた。

河井寛次郎（一八九〇［明治二三］年八月二四日〜一九六六［昭和四一］年一一月一八日）は島根県能義郡安来町に生まれる。東京高等工業窯業科（現東京工大）を卒業後、中国、朝鮮の古陶磁にひかれ、その手法を作陶に取り入れて、あの重厚な作風と自由闊達な造形を生むことになる。

河井は、那覇市内で行われた歓迎会の席上、感想を求められて「ひめゆりの塔」参拝の印象を語ったが、その時、塔の近くに建つ本土の彫刻家からの寄進による女人像の醜悪さを指摘して、俗化していく戦跡の姿を厳しく批判した。河井が醜悪と感じたことは、硝子の箱におさまった女人像の顔に無数の蟻がたかり、目や鼻の中に入っていくありさまを見て、ショックを受けたからである。声涙ともにくだる演説を行ったのであった。

芭蕉紙復興　　安部栄四郎

出雲和紙の安部栄四郎と沖縄との結びつきは古い。島根県松江の東南、いかにも日本の古い村を感じさせる八束郡八雲村の製紙業を営む安部家の二男に生まれ、二三歳の頃分家独立した。安部さんには『紙すき五十年』という立派な著作がある。昭和三一年に黄綬褒章を貰い、三五年に島根県無形文化財となり、住宅の前に出雲民芸紙館を建て、その運営に当たった。

当真嗣祥（沖展写真部会員、写真館経営。一九二三［大正一二］年三月西原生まれ）と安部は親しい間柄で、安部が沖縄を訪れると、当真さんの家に泊まった。

新聞社が安部栄四郎さんの展覧会を企画して、この機会に安部栄四郎自慢のコレクションも展示することを考え、その収集品をみておくことと、安部さんの門外不出の和紙をこの目にたしかめたいために、当真嗣祥と出雲行を共にしたことがある。

一九七五年（昭和五〇年）の秋頃ではなかったか、八雲村は寒かった。安部邸に二、三泊したと記憶しているが、豊富なコレクションにまず感嘆した。とくに河井寛次郎の茶碗や棟方志功の釈迦十大弟子を描いた屏風には昂奮した。これだけの品物を沖縄まで運ぶのは大仕事である。しかし、安部は折角展示するのだからと大乗気であった。それに、安部にはもう一つ夢があった。できたら芭蕉紙を復活させたいということであった。

安部の夢を実現させる役目をになったのが若い勝公彦（かつただひこ）であった。山中にわけ入って野草か何かを摘んで帰ってきたところを、私たちは紹介された。「間もなく勝君は沖縄へ行くでしょう」と安部は語った。

沖縄の芭蕉紙とは、糸芭蕉を原料とした沖縄独特の手漉紙で、昔は首里（那覇）山川村で漉かれ、明治時代まで生産が続いたそうである。芭蕉紙は一七一七年（尚敬五）、祖慶清寄（唐名は欽兆鳳）、比嘉乗昌（房弘徳）、知念掟親雲上（ちねんウッチペーチン）、仲宗根真秀（査王蚕）の四人が共同研究開発した沖縄独自のまったく新しい紙であった（『沖縄大百科事典』より）。

沖縄タイムスホールで開催された安部栄四郎展は、出雲和紙と並んで安部の大コレクションの公開で、人気を呼んだ。その後も安部は何度か沖縄で展覧会を催し、沖縄行きも数度にわたった。

その後、勝公彦氏は新しいカビシチヤマガー（紙漉き山川）を築いて紙漉きに精出した結果、一九七八（昭和五三）年七月ついに芭蕉紙は復興したが、勝公彦氏は病を得て他界、安部栄四郎さんも世を去った。

出雲行で私に印象として残っているのは、安部邸の離れにある深い和式トイレと、裏の居間の床に飾られてあった八幡菩薩の掛け軸と、礼拝の跡を示す香炉の線香である。

素晴らしい映像の遺産　　坂本万七

古い沖縄は、はるか彼方に消え去った。風景も物静かな人たちの生活もいまはない。それは再生しようにもできない相談である。第二次世界大戦・沖縄戦は営々として築きあげてきた祖先の努力の賜である固有の文化を史跡を無惨に破壊し去った。いまは亡き写真家・坂本万七氏は、幸いにして沖縄の古い姿を克明に残してくれた。その集大成が、坂本万七遺作写真集『沖縄・昭和10年代』となって結実した。

坂本氏は、沖縄を撮影するため、戦前、二度にわたって沖縄を訪ねている。一九三九（昭和一四）年三九歳の時で、民芸の始祖、あるいは沖縄の良き理解者、沖縄の文化を最も愛する柳宗悦を団長とする調査団一行のひとりとして参加、つづいて四一歳の頃即ち一九四一（昭和一六）年にも再訪している。その間坂本氏が撮った沖縄の風物写真は千数百点といわれる。

冒頭に書いたように、戦火のため、また時の経過で失われた沖縄の古い姿は、後代の者にとっては過去の幻影でしかない。しかし、坂本氏のカメラは当時の風物をよくとらえてくれたばかりか良好な状態で保管されていた。

ただ古いからよいのではなく、一枚一枚の黒白写真には、作者の温かい目によって把握された沖縄の純度の高い、独自な長い伝統の息づかいが伝わってくる思いがするのである。

首里王城、円覚寺、識名園、玉御殿、首里の道や民家の写真には、現在はわずかにおもかげをとどめる金城町の石畳を残すのみとなった昔日の〝石の文化〟の隆盛ぶりがうかがわれる。石像物、拱門（アーチ）、城壁、そして石畳道、池にかかった石矼、雄勁な浮き彫りなどが美しい。

この写真集にはじめて接する戦後世代には、あるいは物珍しさ、奇妙といった言葉につながる印象を受けるかもしれない。でも、那覇市場風景や染織場、民家の室内を撮った写真には私などうすれかかった少年の日の記憶を呼びさましてくれる。やがて、鮮やかな映像となって浮び、再現してくれる迫力をそなえている。たとえば、柔和そのものの表情で語り合うふたりの老婦人の風姿、物腰。バックにある頑丈で優美な家具。真んなかに置かれた朱塗りの茶盆、なに気なくある久葉おおじ（扇）など、典型的な市民生活がある。

もっと匂うような風物がある。それは、生業にはげむ、屈託のない、それでいて底抜けに明るい物売りの女性たちの姿態であろう。豆腐を並べて客を待つ女性、ビーチパラソルよりも巨大な傘の下に、反物を積んで客を待つ布売場のくつろぐ老婦人たち。

匂うような風物と書いたが、これは東恩納寛惇の名著『童景集』から抜け出した昔気質女性像である。豆腐も、布もほのかな匂いを発しているようである。

木うす作り、壺作り、藍ガメに手を入れている婦人、どれもこれも働く婦人たちの姿を写して興味がある。本土とは異なる文化や生活の異質性、言いかえると、風物、人情、芸能、言語、気候、すべて独自のものをもつ沖縄がこのすぐれた写真家の手で記録され、現在に伝えられるということは、むしろ私たちにとって新鮮な驚きすらあたえてくれる。

写真家、坂本万七氏が、民芸の宝庫といわれた沖縄に目を付けたことは先述のとおり、柳宗悦氏による美への開眼があったこと、つまり、写真家以前の問題として、坂本氏には「琉球の富」（柳宗悦）を記録して残しておこうという意図があったからである。

たとえば、市場に働く婦人たちの群像を把えるにも、沖縄への深い愛情がまず基本となっていたことは、個々の遺作が雄弁に物語っている。単なる風物を越えて、民俗文化の元型を保っている。その姿を純粋に、物と人と自然の交歓を通じて記録する。そうした目的意図をもつこれらの写真が、見る人の共感を得ることは自然のなりゆきといえる。

この写真集について、もう一つ強調したいことがある。失われた時代、過去の中に消えていった風物を印画紙に映像として定着させたことの意義とは別に、つまり人間の情感として訴え、話しかけてくること以外に、貴重な文献的記録としても今後大いに役立つであろうという期待である。

建築家には、石の様式、建築構造物の物の姿は何よりも参考になることであろうし、民俗学的立場からも、社会学の立場からも、得るところがあるだろうと思う。

戦後このかた、近代化の波が押しよせ、画一主義、大量生産システム、軍事化、自然破壊が進む。そして固有文化や伝統はしだいにむしばまれている。この写真集がこうした世相のとりまくなかで、一遍の懐古趣味、あるいは消え去るものへの愛情で終わってならないことを坂本万七氏の作品は叫んでいるかのようである。このすぐれた写真集が世に出ることに喜びを禁じ得ない者である。

二　文春、婦人公論文化講演会

第一回文春文化講演会　（井上靖、村上元三、池島信平）

ヤマトは恋しい、というより一種の憧れの対象であることにまちがいなかった。米軍支配下の戦後も一五年経過すると、必然的に沖縄住民の間にヤマトが一種の飢えの対象としてあることに気付いた。

最近は事情が一変し、沖縄への評価と憧れの気持ちを隠そうとしない本土・ヤマトの動きが目につき、考えると想像もできない一八〇度の転換ぶりである。

ヤマトの人々をヤマトンチュと呼んだのは穏やかな方で、激しいのになるとナイチャーと呼んだ。この呼び方は、私にしてみれば口にしたくないコトバだが、逆に当のヤマトビトが麗々しく使って、ナイチャーズ編集と銘打つ出版物を刊行して、売れ行きもよいらしい。

さて、私の先輩、新聞人である豊平良顕は、文藝春秋社と組んで、有名作家たちを呼び、沖縄各地で講演をさせる企画をたてて成功させた。文藝春秋社、琉球放送、沖縄タイムス社の共催ということだった。

第一回目は一九五九（昭和三四）年二月一五日に行われ、講師は井上靖、村上元三の両氏に加えて文春編集局長の池島信平（後に同社社長）であった。

講演は那覇を皮切りに、コザ（現沖縄市）、名護の順に行われ、どの会場も聴衆で一杯。一流作家の顔が見られるという興味も加わって、大きな反響を呼んだ。井上靖の講演内容がどんなものであったか忘れたが、その風貌や仕草、片々とした言葉にも聴衆は興味を示した。村上元三は和服姿であったことが、剣豪小説の作家らしく見受けられた。それよりも初日の沖縄タイムスホールでの池島信平の講演は聴衆を湧かせた。

池島は、空港（東京羽田）に行くのに数時間、飛行機に乗るや二時間で着いてしまう沖縄は遠くて近いところとやり出した。会場に入り切れず、社外の広場でラジオの拡声機で講演を聞いている人たちは声はすれども姿は見えずで、途中から聞いた聴衆は、今しゃべっているのは「マーヌターヤガ」（どこの誰か）と確かめる始末だった。

後日、文春の重役室に池島氏を訪ねたとき、豊平さんはお元気ですかと、沖縄の近

第1回文春文化講演会　会場に入りきれなくて外で講演を聞いている人々
写真提供：沖縄タイムス社

ふたあけた文春の文化講演
豊かな体験と知識披露
聴衆 場外まで溢れる盛況さ

文春文化講演会
今晩六時からコザで

"沖縄ものは私が始めて"

第一回文春文化講演会の模様を伝える新聞記事

第1回文春文化講演会　1959年2月15日　写真提供：沖縄タイムス社

況などを尋ねられたが、この人は出版社の社長というより雑誌の名編集者という印象であった。雑誌の座談会は菊池寛の発明ときくが、池島さんには座談会記事にかかわる長年の体験から「『座談会はこれで終わります』のあとの雑談の方が面白い」というがった見方がある。いまの文春とは一味も二味も違う時代の話。

第三回文春文化講演会　（今東光、中村光夫、曾野綾子）

第三回文春文化講演会は一九六一（昭和三六）年三月三日。フランス文学の中村光夫氏、和尚作家として返り咲いた今東光氏。そして、後年、沖縄戦で、余りにも片寄った主観による判断で軍人擁護としか言いようのない著書で問題となった作家曾野綾子氏の三人だった。

中村光夫氏の話も今東光氏の話も内容は忘れたが、中村氏は色の浅黒い物静かな風貌と、無口だったという印象が強い。中村氏は批評家でも小説を書けるということを実証したことが印象に残っている。

今東光氏は、容貌魁偉で大きな声の持ち主という印象が強く、傍らの美人作家曾野氏にからむ様子は面白かった。曾野綾子さんについては後日談がある。

一九六九年か七〇年頃の夏、曾野綾子さんが私の勤めている社を訪れた。香水の匂いをぷんぷんさせ、前に一度会った美人作家という印象は変わらなかったが、何か意気込んでいる様子である。沖縄タイムス社発行の『沖縄戦記・鉄の暴風』について、資料的におかしい点があるので、それについて詳細を話してくれという用向きだった。「あなたも執筆した一人だから」といわんばかりであったが、しかし、それについてはあまり触れず小一時間ばかり話して引き上げた。

曾野氏は、慶良間諸島の一つ渡嘉敷島の海上挺身隊長であった赤松嘉次を擁護する立場に立っているらしく、それらについては、著書ノンフィクション『ある神話の背景』（一九七三年）、『切りとられた時間』、『生贄の島』（一九六九年）の三つが、沖縄戦を背景に書かれている。それぞれ反響を呼んだが、「集団自決は住民の意志で…勝手に死んだ」、赤松隊長は命令は出さなかった、という点でケリをつけようとしているように見受けられた。渡嘉敷島の集団自決は、沖縄戦を体験した者なら黙ってはおれない事件で、「チムンチムナラン」ということで反論を呼び、論争となった。

「チムンチムナラン」とは、〃肝むちょう〃いわゆる情理や人情など人間の根源に迫る考え方で、「心情が許さない」という沖縄のことばである。

曾野綾子氏が後に沖縄戦に首をつっ込んだのは、文春講演会で沖縄を訪れるチャンスがあったからで、逆に作家として、体験者の心情深く分け入ることがなかったのではないかと考えると、複雑な気持ちになるのである。

第四回文春文化講演会（大佛次郎、柴田練三郎、今日出海）

一九六二（昭和三七）年三月二日、第四回文春文化講演会のため、三人の文士が来島した。今日出海氏と大佛次郎氏、柴田練三郎氏である。

時期が時期だけに…というのは、その頃、沖縄は日本返還問題で湧き立っていた。しかし、復帰問題に人々の心は奪われているといえば聞こえはいいが、ほんとうは、沖縄はひっくり返るほど深刻ではなく、三度のメシは欠かさず食べ、酒を飲みに男どもは夜の街に出て行く…といったごく日常的な暮らし方にどっぷりとつかっていた。だからこそ文士の講演会も成り立つわけである。

大佛次郎（一八九七［明治三〇］年一〇月九日～一九七三［昭和四八］年四月三〇日）は、どちらかといえば鞍馬天狗ものの連作、剣のスーパーマンを自由に踊らす時代物作家として受けとめられていた。物静かな態度、口数の少ないゆったりとした風貌であった。

私は、戦前那覇市の石づくりの劇場「新天地」でこの人の原作を映画化した「照る日くもる日」という無声映画を見たことがある。大佛を見ていると、その頃の懐かしい那覇市の風景が浮び上がり、甦ってきた感じだった。

大佛氏は、もちろん時代小説ばかりではなく、西欧的な知性と教養に裏付けられた話題作も書いている。フランスの第三共和制を危機に追いやった「ドレフェス事件」、パリコンミューンを追求した労作『パリ燃ゆ』は、後年、この著書のあることを知り買って読んだ記憶がある。

那覇、中部、北部と数時間、移動する車の中で、講師たちとはかなり会話をしたと思うが、何一つその時の印象として残っているものはない。

柴田練三郎（一九一七［大正六］年三月二六日〜一九七八［昭和五三］年六月三〇日）の風貌は、長髪のいかつい顔で、ぐっと押しだまっていた。第二次大戦中、船舶兵として台湾南方の海峡を航行中撃沈され、七時間も漂流ののち奇跡的に助けられたという。これは柴田の生の傷となり精神の一つの発条のような作用をして、いろんな作品を生むよすがになった。「眠狂四郎殺法帖」などは剣豪ブームを生んだ。

今日出海も同様、あまり鮮やかな印象は残ってはいない。

第五回文春文化講演会　（小林秀雄、水上勉、平林たい子）

小林秀雄と水上勉、平林たい子の三人が文春講演会の講師として来島したのは一九六三年（昭和三八年）三月一日のことである。

私は、小林秀雄が戦前の雑誌「文藝春秋」に発表した「アシルと亀の子」という文芸評論に取りつかれた思い出がある。とにかく小林訳の「ランボー」は、記憶にあったし、押しもおされもせぬ当代一流の文芸評論家として名をなしていた。講演で何を話したか、これはすっかり忘れてしまっている。

『大岡昇平・埴谷雄高二つの同時代史』（岩波書店）によると、「小林は一時間ボードレールの〝パリの憂欝〟を教えてくれ、そのあとの一時間は文学の話をしてくれた。彼の愛人はヒステリーだから、なるべくなら家におそくまで帰りたくねえんだよ、だからおれの（大岡）家でぐずぐずしていた」と書かれていて、小林の若い頃のことを伝えているが、この本は大分後の出版だから、小林のことについて当時思いつかないことであった。

水上勉氏も何を話したのか、きれいに忘れてしまった。和服を着て、長い髪を掻きあげかきあげ壇上でしゃべっていた姿はよく憶えている。今晩は皆さんで飲んでくださいと、金ばなれが良かった。苦労人といった印象が強い。沖縄にはその後何度か来ており、『サライ』という雑誌に、得意の水彩画に添えた文章に、復興の目ざましい沖縄の住民がどんなに苦しんだか、想像できると感想を書いていた。

平林たい子は、ただの太った小母さんといった感じで、なんとなくゆったりとした態度や物腰は、往年のプロレタリア作家らしくない姿が印象として残っている。

沖縄の空気は、その頃何となくざわめいている感じで、この年の三月五日、キャラウェイ中将（高等弁務官）は、金門クラブ（沖縄の米国留学をした人たちの集まり）で、「沖縄の人たちは、自治権の拡大を叫ぶが、自治権は神話のようなものだ」とぶっている。「クヌ　ヒージャーミーヤ　ナランデー」（この山羊のような青い眼をした奴は、ほんとにダメだよ―アメリカ人の蔑称）と誰いうとなく言っていた。

第5回文春文化講演会　1963年3月2日　写真提供：沖縄タイムス社

第一回婦人公論文化講演会　（円地文子、石原慎太郎、石井好子）

一九六三［昭和三八］年、沖縄タイムス社の幹部・豊平良顕氏は、文春講演会のほかに、こんどは中央公論社と提携して婦人公論文化講演会の企画を立てた。文春同様、中央公論、沖縄タイムス、琉球放送三社共同の催しである。

第一回婦人公論文化講演会の講師は円地文子、石原慎太郎、石井好子の三氏だった。「太陽の季節」で芥川賞を受賞した石原氏は、後年保守派（自民党）の代議士になるのだが、当時はまだ慎太郎刈りの面影を引きずっていた。とにかく目立ちたがりやの新進作家の面持ちだった。歓迎の意味で、一流の琉球舞踊の踊り手を集めてプログラムを組み、まず沖縄の文化の一面にふれてもらいたいという主催者の意図もあって、鑑賞の夕べを開いたのだが、志田房子の女踊り「花風」の舞台姿を見て感激、濃艶な踊りに見取れている様子が印象に残っている。

円地文子氏は、まだ若く、一九五七年に『女坂』で野間文芸賞をもらい油ののり切った頃であった。

石井好子氏は、自民党の有力代議士の妹で、パリ帰りのシャンソン歌手で鳴らしていた。シャンソン歌手が何を話したか、忘れてしまったが、パリの話だったと記憶している。

第六回文春文化講演会　（吉屋信子、有馬頼義、河上徹太郎）

一九六四（昭和三九）年二月二九日、第六回文春文化講演会は三名の講師を迎えた。吉屋信子女史、有馬頼義氏、河上徹太郎氏だった。

河上徹太郎氏は、ホテルにいるとき、いつも微醺を帯びていた。むしろほろ酔い加減に近かった。夕食の時間がきても、料理には箸をつけず、ウィスキーか泡盛を注文した。明治三五年一月八日生まれの河上は、評論家としても六十代の最も油ののった頃であった。

『私の詩と真実』（昭和二八年）で読売文学賞をもらい、七八歳でその生を閉じたが、その頃は一見人を喰ったような、達観したような趣があって、講演旅行中は吉屋、有馬の両流行作家を相手に駄々をこねていた。講演の時間は、一人たいてい一時間乃至二時間近く、その合間は旅館かホテルで休んでいる。講演がどん尻で、多少の時間のゆとりがある時は、流行作家の誰か一人を相手にチビリチビリやる。そして、くだを巻くといった調子。河上氏のクセには馴れているせいか、二人とも別段逆らう様子もなかった。

吉屋信子といえば、少女小説の作家というのが世間の通り相場。明治二九年一月一二日新潟県生まれ、父親が長い間官吏をしていたため、各地を転々とし、竹久夢二の絵に心を奪われる多感な少女時代を過ごした。栃木高女時代、投稿先も「少女世界」「文章世界」であったため、誰の目にも童話か少女小説への道を思い定めた感じだった。

ところが、年下の中条（宮本）百合子の華々しいデビューが刺激となって、大阪朝日新聞の懸賞に応募「地の果まで」が一等になる。以来、通俗の名に堪えて純粋なしかも孤独な作家として『女の友情』（昭和八年）、『理想の良人』（同）、『良人の貞操』（昭和一一年）を発表し、浪花節的とかいわれながらも地道に作家の道を歩んだ。

沖縄に来た頃の吉屋信子は、人間的に円熟しているというか、河上徹太郎の駄々っ子ぶりを軽く受け流しているふうに思われた。

吉屋信子は、少しでもヒマがあると那覇や名護の街に買物に出かけ、珍しい竹製のカゴ類を一杯買い集めてきたりした。お手伝いさんが二、三人いて、「お土産買うのも大変ですよ」とこぼしていたが、吉屋も「わたしは衝動買いのクセがついてしまって……」とわるびれる様子もなかった。それをまた河上氏にからかわれるのだが、いかにも愉快そうに受け流すところが、吉屋信子の人間の味でもあった。お手伝いさんと品物を数えたり整理していて、買い足りないものがあると「まぁ、明日にしよう」と自分に言いきかせるように呟くのだが、それを河上徹太郎は悪戯っぽく眺めていた。

長髪で細おもての、神経質そうな有馬頼義氏は、有馬頼寧の三男、いわゆる名家に生まれ、血筋がよく、どこかおっとりしていた。『四万人の目撃者』で探偵作家クラブ賞、『終身未決囚』で直木賞をもらう。その表情などいかにも作家稼業らしく、長い髪を掻き上げる仕草などは河上徹太郎にとってよい酒の肴にされていた。

有馬頼義氏はヘビースモーカーである。それもタバコは「光」（両切れ十本入れ）以外は喫わない。専売公社が「光」の製造を中止したとかで、市場に出るのは少ない。それで有馬氏は公社に渡りをつけ特別に確保する。沖縄旅行には、かなりの量を持ってきたそうで、私なども有馬氏の滞在中「光」が切れないようにと願うばかりであった。（こちらはピース両切れで、まあ、切れる心配はないが）

講演の時間にまだゆとりがあるため私は一行を中城城址に案内した。

ふだんは気付くこともないが、城壁の石垣の積み方が直角でなく、ゆるいカーブを描いているのを見て「これは本土の城壁とは違うぞ」と有馬氏が言うので、私と二人で内側を探険することになった。城壁が右側の山手に面して屹立して、四角い穴（かなり大きな）が一間置きに何箇処かうがたれていた。銃眼である。人間一人出入りできるほどの大きな穴で、内側は広く、外部に向かってせばまった造りであった。

敵が石垣をよじ登って攻めてきたとき、その穴から外に向かって熱湯などを注いだのでは？　というのが有馬氏の推理で、銃眼は幾何学的に正確にいくつもある。意外な発見に驚いていると、銃眼の後方にコケむした御嶽がある。厚手の葉や雑草が城の一角を占領し、昼なお暗いありさまである。私は御嶽の説明にまわったが、有馬氏は城の研究家らしく、熱心に聞いていていた。

中部の町での講演のどん尻であった河上徹太郎氏は、自分の講演する時間を待つ間にと、ウィスキーをなめていたが、次第に酔いがまわって、いざ登壇となると、どうも足許が危ない。司会の私が河上氏を聴衆に紹介をしても、はじめは「え…」とか「あゝ」とか言うばかりである。それでもどうにか酔っぱらいの講演を果たした。

まさか、沖縄の聴衆をなめてかかったとは考えないが、前代未聞の講演だった。

第二回婦人公論文化講演会（菊田一夫、沢野久雄、瀬戸内晴美）

一九六四（昭和三九）年一一月七日、第二回婦人公論文化講演会。講師は菊田一夫、

沢野久雄、瀬戸内晴美（寂聴）の三氏だった。

ここで、講演会運営のあらましを記しておこう。担当はきまって琉球放送から岡村哲秀氏（故人）、沖縄タイムス社側からは不肖私であった。会場設定、ホテル（旅館）の確保と会場と宿泊先の往復の案内、講演会が始まると講師の紹介、終わると慰労会。とにかく多忙なスケジュールを集中的にこなさなければならない。時には宮古、八重山にも足を延ばすことがあって、そんな時は一週間も時間がかかるので、仕事は倍加する。聴衆が少ない時は、一日のスケジュールに合わせて講演を遅らせたり、延ばしたり、裏方にとって案外テクニックを要する。

講師によっては手のかかる人と、ほっといても自分で動く人とがあって、それも計算に入れておかなければいけない。講師によっては、親しくなる人もあるが、そうでない人もいる。手のかからない講師で、どこか自分の存在をきっちりと定めて会話を外したり、黙って物思いに耽るような人もいる。

沢野久雄氏はジャーナリスト出身の作家で、長身でやせ細った躯付きで少し神経質そうな人物だった。埼玉県生まれ、昭和一一年、早大国文科を卒業後、都新聞社に入社。田宮虎彦、北原武夫、井上友一郎らを識り創作欲を駆り立てられ、一五年に朝日新聞社に移り、間もなく応召。戦後は「文学雑誌」の同人に加わり、そこに「挽歌」

という小説を書き芥川賞候補にあげられた。世に出たのは昭和二七年に書いた『夜の河』であった。ジャーナリスト出身の作家らしい時代感覚と丹念な心理的、抒情的作風が世に認められた格好になった。

旅行が好きらしく、話はいつも旅の話になった。この時、沢野氏から聞いたことで、今でも私が実行していることがある。それは、ホテルに泊まった時、持ち物で捨てる物が多くて困った場合、あるいは捨てられては困る品物の保管をどうすればよいかと迷った場合に、「捨てられてもよい物は必ず地べた（床）に置くこと、逆に捨てられて困るものはテーブルの上に置く」ということである。

瀬戸内寂聴師はいまでも人間臭い香水をふりかけているだろうか、という他愛もない質問を私は、この世俗を一切断ち切った人に投げかけたい気持ちである。その頃、すなわち沖縄に来た頃の瀬戸内寂聴氏は得度以前なので、瀬戸内晴美氏と呼ぶべきだろうが、いかにも人間臭かった。講演旅行中、彼女の身体を包んでいるのは洋服ではなく、黒っぽいお召しかなんかの着物姿に赤い帯を締めていて、それがよく似合っていた。車の中に一人でおさまっていた時の瀬戸内晴美の姿があざやかに印象に残っている。

一九二二（大正一一）年五月一五日徳島市の神仏具商の次女として生まれ、徳島高女から、東京女子大国語専攻部に入り、在学中に結婚。夫の赴任地の北京に渡り一女を生む。敗戦で昭和二一年帰国、二年後単身家を出て、京都の出版社、京大付属病院小児研究室などに勤務、二五年離婚。上京して少女小説や童話を書いて生計をたてる。「女子大生・曲愛玲（チュイアイリン）」で三一年度の新潮社同人雑誌賞を受ける。世俗の常識をこえて性と情熱に忠実に生きる女の伝記は、以後得意な文学系列の一つとなる。

岡本かの子、伊藤野枝、菅野すが子、金子文子らの生涯を描いた『かの子繚乱』（昭和三七～三九年）、『美は乱調にあり』（昭和四〇～四一年）などをつぎつぎ発表、三八年女流文学賞を受ける。四八年中尊寺で得度、法名を寂聴と呼ぶ。四九年京都嵯峨野に寂庵を結ぶ。

彼女の文学作品は余り読んでいないが、先日NHKのテレビ番組でみた俳人としての姿が印象的で、決して若くはない姿、形が妙に焼きついて興味がつきなかった。

大和からの客にたいして喋々する趣味はないが、あの連続放送劇「君の名は」（昭和二七～二九年）で名を馳せた劇作家・菊田一夫氏は、余りにも控え目、内気な立ち居ふるまいだったので、かえってこちらが驚かされた。

菊田一夫氏は明治四一年三月一日横浜生まれ。生後四ヵ月で両親（西郷姓）に連れられ台湾に渡ったが、間もなく捨てられ、転々と他人の手で養育された末、五歳のとき菊田家の養子となる。台湾城北小学校に入学するが学業半ばで薬種問屋に売られ、年季奉公をつとめる。

その後も大阪、神戸などで小僧生活をつづけ、十七歳のとき文学に心ひかれ上京。その後はレビュー、ミュージカルなどの脚本を手がけ「笑の王国」などの文芸部員として活動した。一八年、古川ロッパ一座が帝国劇場で初演した「花咲く港」で喜劇に新しい一面をひらく。

菊田氏は大衆のための演劇に徹し、面白い演劇作りをめざした。東宝社長小林一三に迎えられ演劇担当重役となり、製作者、演出家として卓抜な手腕を発揮し、「マイ・フェア・レディ」「風と共に去りぬ」などを手がける。連続放送劇「君の名は」は一世を風靡した。

沢野久雄、瀬戸内晴美、菊田一夫という珍しい組み合わせの上に、文士の講演行にありがちな、三人のレーゾンデートル、作風といわぬまでも作家として持ち味の違いなど、思わぬところできしみを生んだが、終始黙りこくった「君の名は」の作者の口ヒゲの物悲しさは格別であった。

第七回文春文化講演会（大江健三郎、有吉佐和子、石川達三）

一九六五（昭和四十）年二月二七日、第七回文春文化講演会は、講師として大江健三郎、有吉佐和子、石川達三の三氏を送ってきた。

その頃、作家大江健三郎氏は、若かった。一九五八年に小説「飼育」で芥川賞を受賞して、作家として世に出てまだ六、七年、独特な文体を持つこの作家は、大変初々しかった。講演の講師として初めて演壇に上がった時、言葉がつまり、無言のまま、立ち往生をしたという話がある。どこかに、何か新鮮なものを感じさせる点、他の作家とは違っていた。三人の講師に、社の出版物『伊波普猷選集全三巻』を進呈したところ、大江氏が忽ち強い反応を示した。

次の講演会場に向かう車の中で、選集が話題になった。大江氏はホテルに帰って早速、選集を読みふけったのであった。そして、伊波の文体の若々しさに驚いてしまった。

伊波普猷が何者であるかについて、大江は知らなかった。知らなかったとしても別に不思議でも何でもない。それは至極当然のことなのである。「伊波普猷にとって『おもろさうし』は沖縄の原点であり、それはちょうど、本居宣長が古代日本の原像を『古事記』に問うた営為と相応している。『古事記』が宣長を潜ってしか現代の我々には読めないように『おもろさうし』も伊波普猷を素通りして読むことが不可能なのは確かである」（外間守善）。

私は、伊波普猷は「沖縄学の父」といわれる程で、沖縄に関する学問の総合的理解者であり研究者であることなど、少しうるさいほど知っている限りのことを説明した。それにつけても大江氏が伊波普猷をどう読み、彼の作家的な蓄積として役立てることが可能かどうかについては私の知るところではなかったが、伊波普猷の文章が、若々しい文章であることに気づいたことは、私としては何よりの収穫であった。また、大江氏がこれから、沖縄に関して払うかも知れない文化や歴史や生い立ちなどの知識や経験が、彼の書く小説にどんな色彩を添えることになるか、興味はつきないのであった。彼が『沖縄ノート』やその他、沖縄に関して物したいくたの文章に伊波普猷がどのような役目をしたか、考えるだけでも愉快である。大江氏は原稿料を投じて『沖縄経験』という小冊子を発行する（大田昌秀・前沖縄県知事も協力）が、資金のつごうか、二、三冊どまりで、長つづきしなかった。

有吉佐和子氏は劇作家で知られているが、『恍惚の人』など老人問題をあつかって、高齢化社会に真っ先に斬り込んだ小説を書いた作家であった。

その作品の一つ『華岡青洲の妻』は、日本で初めて麻酔薬を使った人の話を劇に仕立てたもので、私は東京でこのお芝居を観た。

有吉氏は、公害問題にも心を傾け「複合汚染」（昭和四九～五〇年）『開幕ベルは華やかに』（昭和五七年）等の作品がある。黒っぽい服が好きらしかった。ホテルで食事の時など「先生これだけはきっと信じて下さい。健康のために…」と石川達三氏へ黒ゴマの効用を説いた。ハンドバッグの中から取り出した薬（鋏で切って使う）をのむ仕草は、堂に入っていた。講演の話も高齢化社会に備えてといったものだった。

昭和を代表する作家といえば石川達三が真っ先にくる。一九三五年「蒼氓」で第一回芥川賞を受賞していて同賞の草分けである。『望みなきに非ず』『風にそよぐ葦』などの作品を書く一方、評論活動にも腕の冴えを見せた。文芸家協会長をつとめ、日本文壇の重鎮といってよい。

どちらかといえば容貌魁偉な…という表現が当たっていそうな顔立ちである。その声は男性的なさばさばしたトーンのある男性づくめの人。

講演まではたっぷりの時間がある時など、決まってスケッチブックを展げ、路上だろうと広場だろうと熱心にスケッチする。首里の山川町の坂道に咲いていたポインセチアの花が珍しいらしく、描くよりは、しげしげと眺めたり、観察したりしていた。

車の中で、話がたまたま沖縄の人間の毛深いことが話題になった時、石川達三氏が「実は、私はアイヌの血を引いていて、毛深いですよ」と言った。

ブーゲンビリアやハイビスカスなど花の話に話が飛んで、割り込んできた有吉佐和子氏の健康談義にすかさず石川氏が中山式健康器具のことで応じた。私が中山式に凝っていた時なので、石川氏のこの器具の礼賛で話題が盛り上がり、車が停まった。

第三回婦人公論文化講演会　（伊藤整、池田弥三郎、犬養道子）

一九六五（昭和四十）年一一月五日、婦人公論文化講演会が行われた。講師陣は伊藤整、池田弥三郎、犬養道子の三氏だった。

昭和の何年頃だったか、目黒区駒場にある日本民芸の総本山・日本民芸館の古びた建物から少し離れた場所に完成した日本近代文学館の開館式当日、私は文芸春秋の幹部と一緒に館を訪問した。館内には、テレビカメラが入っていて、太い電線コードが館内の廊下といわず、部屋の中までのたうっていた。また、ちょうど祝賀の行事が今しがたすんだところらしく、ごった返していた。「やゝ」と笑顔で私を歓迎してくれた伊藤整氏の掌は柔らかく冷たかった。躯でもこわしているのか、少し疲れ気味の応対で椅子に腰かけるヒマもなさそうだった。あれ以来伊藤整氏と逢う機会はなく、間もなく病を得て不帰の客となったときいている。

北海道時代の若い頃の伊藤整氏のことについては、当時、改造社の記者だった郷土史家の比嘉春潮氏が書いているのが参考になるだろう。沖縄講演の時とはちょっと違って、その頃の伊藤整は北海道出身の詩人、小説家、評論家として将来を約束された、きかぬ気の若者だった。

伊藤整が講演で何をしゃべったか。これはきれいに忘れている。詩集『雪明りの路』で詩人としての出発をとげたが、評論でも頭角を現していた。それは、「新心理主義文学」であり『ユリシイズ』『チャタレイ夫人の恋人』の翻訳は当時の読書界の人気をさらった。その他『得能五郎の生活と意見』『鳴海仙吉』でも注目されるが、チャタレイ裁判の記録小説『裁判』は、生涯を閉じる一九六九（昭和四四）年まで書きつづけた。

作家が物を見る目というものを考えた時、私には彼ら作家、評論家が沖縄をどう見ているのか、興味のつきないことだった。沖縄の歴史やそのたどってきた変転ぶりに少なくとも気づいて、何らかの感想があっていいのではというのが、私なりの願望であった。

もちろん、彼らは出版社の依頼に応じ、沖縄に講演の旅にきている、いわば無責任な旅行者であって、感想を求められても、それに応じる義務はない。一介の旅行者に徹していてよいのであるが、作家、評論家という肩書きを持っていることに対し、いくばくかの感想があってもよいのではないか、という考えは捨てきれなかった。

犬養道子は一九二一（大正一〇）年四月二〇日東京生まれ。評論家で津田塾を中退後、渡米、海外生活十年の後帰国、体験記『お嬢さん放浪記』（昭和三三年）を書いて有名になる。その行動力は、新しい型の女性の誕生として注目された。

彼女には『世界のトップレディ』（昭和三五年）などのルポルタージュ文学、国際的視野に立つ『私のアメリカ』（昭和四一年）『私のヨーロッパ』（昭和四七年）を著わす一方、『旧約聖書物語』（昭和四四年）『新約聖書物語』（昭和五一年）など聖書への愛着を示す作もある熱心なクリスチャンであった。父を犬養建、祖父を犬養毅（木堂）というエリート家系に生まれたためか、キリスト教信仰と海外旅行を題材にした作品世界を築いている。

犬養道子氏は、沖縄滞在中にどうしても果たしたいことがあったのだが、今日の講演が終わればすぐ空港へ駆けつけなければならないあわただしい日程のため、たってのの願いが叶えられそうもなかった。犬養氏は伊藤整氏に、「沖縄にいる間、私、お祈りをしないわけにはいかない。ね、先生、最後の私の願いを叶えて…」と、鼻声になって何度も懇願していた。なんでも本当北部からの帰り、米軍部隊のいる基地に教会らしいものを見かけたというのである。

車をふたたび米軍基地のある嘉手納へ引っ返すことは、飛行機に乗り遅れるかも知れないぎりぎりの時間なのだが、伊藤整氏は、「それでは、私たちはホテルで待っているから、お祈りをしてきなさい」とおうような態度を示したので、彼女は運転手をうながして、米軍部隊内にあるはずの教会に向けて車を飛ばしたのである。

犬養氏は無事教会を探し当てお祈りをすませて、ホテルに戻ってきた。

犬養道子氏の著書はいくつか私も読んでいて、話題にもしたが、雑誌の「世界」か何かに載っていた滞欧記に、ドイツ人は電子レンジを信用せず、むしろ気味悪がっていたということを書いてあるのを読み、お陰で電子レンジに対する私の印象は余りよくない。

伊藤整氏は、私どもとの別れの会食の席上、かなり達筆な字で、用意された色紙にさらさらと書いてくれた。「琴、花、酒のあるものを、とどまりたまえ旅人よ・藤村先生、詩・伊藤整」という文面で、この色紙は今でも私の書斎にかざってある。

池田弥三郎氏（一九一四［大正三］年一二月〜一九八二［昭和五七］年七月五日）

は国文学者で民俗学者。東京生まれで、慶大国文科を出て、文学、芸能の伝承性の研究を生涯の課題とした。折口信夫に師事。生地である東京銀座の生活や旅行、食物、言葉など、身辺の民俗を学識の目で眺めた随筆は有名で、また放送、新聞等での社会時評にもユニークな味を示した。退職後は北陸の魚津に住み、同地で病を得て他界した。

講演旅行中の池田弥三郎氏は、他の二人の講師とは講演時間その他が違うため、三人がゆっくり顔を合わせることはなかった。そのためもあって私は、時間をくり合わせ、できるだけ池田弥三郎氏と共にいる時間を多くもとうとした。

池田氏はその師折口信夫氏のたどった足跡を、自分でもたどる旅にしたかったらしい。折口氏がかつて訪れた南部の地、とくに荒廃した首里城跡、園比屋武御嶽、知念半島、斎場御嶽などを熱心に見てまわった。

百名にある「受水、走水」(ウキンジュ・ハインジュ)は、わずかに清流の流れがあるだけで、何の変哲もない場所だが、そこに降りて行く急な斜面の途中で、息を切らしている私を池田氏が待っているというハプニングもあった。

斎場御嶽は、岩石を巨大な斧で断ち切ったかと思われる自然な造形の妙ともいうべき拝所で、池田氏は私に、眼前に浮かぶ久高島の島影と、手前の香炉のある岩との間に海を距てて一線に結ぶと、例の「お通し」になると説明したりした。

ひめゆりの塔を参拝する第三回婦人公論文化講演会の講師たち
写真提供：沖縄タイムス社

師の歩いた道を再びその弟子である自分が踏むことに、運命的な何かを感じたらしい。民俗学者の思いは、この斎場御嶽で極まったようだった。

太平洋戦争中、池田弥三郎氏は陸軍軍曹として南瞑の地・宮古の守りについていた。ここまでは戦争がなく、朝から夕まで、砂浜にたむろして日を過ごすことが多かったらしい。おかげで池田軍曹の足の水虫は根治。村人たちからは温和な軍人として親しまれ、「池田軍曹」の名で呼ばれていたという。

他の二人の講師と別れて池田氏は宮古島に向かった。宮古の元部下たちが池田軍曹を迎えて一席設けたいとの申し出に心良く応じ、そこへ出席するためであった。

思い出をもう一つ加えると、一九六八（昭和四三）年四月二三日、沖縄タイムス創立二十周年を記念して、朝日新聞と共催事業として行われた「沖縄伝統芸能の夕」（会場・日本橋三越百貨店）開催の際、池田弥三郎氏に、舞台から挨拶をして頂いたことである。

以下は文字どおりとってつけだが、池田弥三郎氏は、手カバンの中に、いつも縄ハシゴを用意していた。地方の講演旅行の際、宿屋が出火し、二階から縄ハシゴを使って無事避難するということが実際にあったということで、講演旅行には欠かせぬ道具になっていた。

第十回文春文化講演会 （安岡章太郎、阿川弘之、平岩弓枝）

一九六八（昭和四三）年二月二四日、第十回文春文化講演会の講師として、作家の安岡章太郎氏、阿川弘之氏、平岩弓枝氏の三氏が来島した。

安岡章太郎氏は、一九二〇（大正九）年、高知県生まれの戦後作家の部類に入るが、伝統的私小説の手法を用いて、自己を劣等生に擬する作風で知られ、第三の新人といわれた。「悪い仲間」で芥川賞を受賞。一九五三（昭和二八）年、『陰気な愉しみ』『悪い仲間』で作家として動かぬものを築いた。

阿川弘之氏は、一九二〇（大正九）年一二月二四日広島市に生まれる。志賀直哉の作品に大きな影響を受ける。海軍予備学生として佐世保海兵団に入団。芸術院会員。海軍軍人の「井上成美」を軍人らしくない、クールで内面の複雑な人柄としてとらえて描く。二七年、学徒兵としての体験をもとにした長篇「春の城」が読売文学賞に選ばれる。第一次戦後派とは異なるユニークな新進作家として評価された。

平岩弓枝氏は一九三二（昭和七）年三月一五日東京生まれ。日本女子大国文科・中世文学専攻を出る。「女と味噌汁」（昭和四十年）など連作ドラマなどで才筆を揮い、人気作家となる。

那覇で講演をすませると、次の会場はたいてい中部のコザ（現在沖縄市）であった。当時ライカムと呼ばれた米軍基地司令部のまわりには、外商が集まっていた。それらの外商は沖縄の女性を店員に採用して、主としてアメリカ人を相手に商売をしていた。そこには、ツーリストや旅行者相手の売店などがあって、アメリカのアンカレッヂ風な色彩とでもいおうか、働き手の若い女性が異彩を放っていた。

講演まではまだたっぷり時間があるので、それらの店をひやかすことになり、阿川氏も安岡氏も急にはしゃぎ出した。というのは、航空会社の出店にいた一人の若い女性が、客を相手にいかにもてきぱきとしていて、それが印象的だったらしい。

「息子の相手を選ぶ」という触れ込みであった。その若い女性を見つけると、いきなり「息子の嫁」にと申し込み、安岡氏も阿川氏も、一歩も譲らぬ勇敢な働き？ であった。時間がせまったので、いったん講演会場へ向けて車を走らせたが、途中で「もう一度行ってみるか」と阿川氏が言い出し、外商の店へとって返す。くだんの女性は、「またも来た、変だなあ」という顔をして、それでも鮮やかに応対する。飛行機の切符について阿川氏がしきりに彼女に質問を浴びせ、傍らで安岡氏が、何喰わぬ顔で「その切符は使えますかね」などと茶々を入れる。基地沖縄のなんとなくエキゾチックな風景にはまったような、二人の作家の奇妙なゲームであった。

阿川、安岡両氏とも、その後の沖縄とのかかわり、というより沖縄について触れる（言及する）度合いは、どちらかと言えば、多いと私はみた。

安岡氏が沖縄に直接、間接にかかわる問題として触れたのに、朝鮮人慰安婦の問題がある。安岡氏は軍隊にいた頃の追憶として、なんと色の白い人たちだろうと、小川の流れでたわむれる白い足の印象を、傍観者風に眺めた光景を文章にしている箇処があった。

安岡氏は最近大患にかかり、それを克服してから次々と良いエッセーを書いているが、とくに『僕の映画散歩』は、一九三〇年から四〇年代の名画の数々を軽快な筆で綴っている。

阿川氏は最近『国を想うて何が悪い　一自由主義者の憤慨録』（光文社）や『国を思えば腹が立つ　一自由人の日本論』（光文社）というエッセー集を出している。一読してわかることは、阿川弘之氏が朝日新聞に腹を立てていること、又「平和憲法というおとぎ話」「援軍曾野綾子」「皇室は日本の誇り」ということで、世にいう右がかった文章を書いている。そうかと思うと、雑誌「図書」（岩波）誌上に、もう六十回にわたって「志賀直哉」伝を連載していて、記念すべき力作となりそうである。

三　文人たち

そして誰もいなくなった　（川端康成）

川端康成氏（一八九九［明治三二］年六月一一日～一九七二［昭和四七］年四月一六日）は、大阪天満此花町に父栄吉、母げんの長男として生まれた。二二歳の夏休みに三度葬式に列し、従兄に葬式の名人とからかわれる。後年の川端文学の生が死であり、死が生であるような、死者の世界に対して生きた感情をもっているかのような、陰影の深い世界が用意される。

豊川村小学校を経て府立茨木中学に入学。大正一五年『伊豆の踊子』を書き大いに文名をあげるが、これより先、大正九年には東大英文科に入学、『禽獣』（昭和八年）、『雪国』（昭和十年）、『千羽鶴』（昭和二四年）、『山の音』（昭和二四年）と名作を生むことになる。昭和四三年に日本人としては初のノーベル文学賞を貰う。昭和三七年に、湯川秀樹博士らの世界平和アピール七人委員会に参加、中国の文化大革命に際しては、自由擁護のアピールを石川淳、安部公房、三島由紀夫と四人の名で行い、四六年には東京都知事選に秦野章の応援に立つなど旺盛な社会的関心を示した。四七年四月、事故ともまごうガス自殺で絶命。

その川端氏が沖縄に少なからず関心を示したのは、なぜであったのか、インタビューに私も加わったが、具体的には何もつかめなかった。来島の理由も出版社の講演会であったのか、よくわからない。ただ比嘉春潮氏の自伝的回想『沖縄の歳月』（中公新書）に「川端氏の沖縄行き」と題するエッセーがあり、次のように書かれている。

「私が、川端康成と近づきになったのは、氏が「雪国」で名声を得た後で、横光利一氏とともに新感覚派の重鎮として、文壇に確固たる地位を築いている時だった。……（中略）川端さんは、私が沖縄人だと知っているから、いろいろときいて勉強を始めた」また「川端さんの目つきの鋭さは、いまでも有名である。初めて会った人はだれでもこわいと感じ、寄りつき難いと思うと定評があった。」「昭和八年頃で帰ってくると舞踊が大変よかったと早速礼状を下さった。しかしながら、戦前にあれほど興味をもっていたのに短期間とはいえ沖縄滞在がなんら作品に結実しないところを見ると、舞踊以外に強く関心を呼ぶものが現在の沖縄にはなかったのであろうか…」

川端康成氏は、細身の躯を黒の背広で包み、いつも口数が少なかった。亜熱帯特有の植物を珍しそうに眺め、私に名前をたんねんにきいた。月桃の花が咲いて石垣から垂れている姿に興味をもって、根掘り葉掘りきいた。しまいにはポケットから手帳を出して、教えたとおりに「月桃」と大きな字で書いていた。

車中に二人乗り合わせると、困るほどのだんまりである。歓迎会を料亭でひらいたら、女性たちがつぎつぎと川端氏のところから遠ざかっていった。「あの目は怖い」と口々にいった。女性が近づくと、鋭い異様な目でぢっと穴があくほど睨みつけるので、しまいには川端氏のまわりには誰もいなくなったことを憶えている。

「エイキチ君に会いたい」（菊池寛）

私が菊池寛の風貌に親しく接したのは、一九四〇（昭和一五）年一二月のことで、台湾へ行く中途、那覇に立ち寄ったときだった。日本人にしては背の低い、チョビひげを生やした小肥りのいささか風采の上がらない中老の男という印象であった。気風から推して、どうしてこの人が文壇の大御所などといわれるのか、私にはいささか不思議であった。

一八八八（明治二一）年生まれといえば、明治の古い男である。高松に生まれ、小学校のとき教科書が買えず、ついに筆写したとさえいわれた。明治四三年一高へ入学、京大を出て時事新報社に入社。大正七年「忠直卿行状記」、大正八年「恩讐の彼方に」、大正八年夕刊小説「藤十郎の恋」「真珠夫人」と通俗小説に新しい境地を展いた。大正一二年に「文藝春秋」誌を創刊した。早くからすぐれたジャーナリスト気質を備え、出版界をリードしてきた。一幕物戯曲「父帰る」（大正六年一月）「無名作家の日記」（大正七年）「恩讐の彼方に」によって作家としての地位を築いた。ことに、芥川賞、直木賞を設定して後進の育成につくしたことは有名すぎるほど有名である。

旅館で会った菊池寛氏は、きぜわしく「あゝ、山里永吉君は知らんかね。ぜひ山里君に会っていきたい、君探してくれんかね…」と誰彼となくつかまえて言っていた。あの時果たして山里永吉氏に菊池寛は会ったかどうかは知らない。なぜあれほどまで山里永吉氏に会いたがったのかというと、文藝春秋社から発刊された「オール讀物」に山里氏の小説が掲載され「彼は有望な作家だよ」ということだったらしい。山里氏の小説は「帰って来た尚徳王」という題名であったという。

なお、時の人、文壇の大御所こと菊池寛は、沖縄滞在中、那覇市の公会堂で「時局と武士道」と題した時局講演会を行っている。

「九州文学」への合併を（火野葦平）

火野葦平は戦前も戦後も一、二回沖縄に来ている。戦前（一九四〇［昭和一五］年五月）、中山省三郎ほか、九州文学同人たちも一緒だったか、そこらへんはあいまいだが、記憶に残っている。火野氏や中山氏らが、カメラ（ライカ）を構えてパチパチ撮っているのは豪勢で、またたいへん羨ましく思ったものだ。その頃、憲兵や警察官の許可というより、お目こぼしがなければ、カメラなんて持っていることが怪しまれる時代だったからだ。

火野葦平氏（一九〇七［明治四〇］年一月二〇日～一九六〇［昭和三五］年一月二四日）は、本名を玉井勝則、福岡県若松市生まれ、夏目漱石、芥川龍之介、北原白秋に傾倒、早大に入学、大正一五年英文科に進み、中山省三郎、寺崎浩らと同人誌「街」を主宰、昭和四年家業を継ぎ、港の作業石炭沖仲士として働く。ゼネストを指導する。

昭和七年、事変下の上海で荷役に従事、帰国するや当局に逮捕され、警察（若松署）に留置される。小説「花と竜」を書く。九年、火野葦平のペンネームを使う。九月応召、同年の春、同人誌「文学会議」に発表した小説「糞尿譚」で芥川賞を受賞。昭和一三年五月徐州作戦に従軍、その実情をつぶさに描いた「土と兵隊」「花と兵隊」「麦と兵隊」とつぎつぎに発表。昭和一五年に朝日新聞文化賞を受ける。

太平洋戦争勃発とともに報道班員としてフィリッピン、ビルマ戦線に従軍、二〇年、陸軍報道班員として活躍中に敗戦をむかえる。以後「悲しき兵隊」という短文を書いてペンを折る。昭和二三年追放指令、二五年解除。火野氏が沖縄に来たのは兵隊三部作を書いていた頃と思われる。

一九四〇（昭和一五）年八月、仲村渠氏は私を含む他の同人と共に詩の機関誌「那覇」を出版した。その時、火野氏は「那覇」に目をつけ、「那覇」同人に一つの提案をおこなった。それは火野の主宰する「九州文学」に「那覇」を吸収合併したいということであった。「九州文学」は九州を代表する文学雑誌であり、「那覇」が合併すれば、芸術運動として大きな力になるということであったが、同人は協議の結果、合併には反対することを決定して、その旨火野氏に伝えた。それで合併の話は立ち消えになった。

火野氏は、戦後も二、三度沖縄をおとずれ、沖縄についての文章を書くなど文筆活動を行っていたが、それがどう実ったかは不明である。

金網の内と外（近藤東）

私にとって終生忘れ難い詩人について書くことにする。

その一人、近藤東（こんどう・あずま）。一九〇四（明治三七）年六月二四日東京生まれ。明治大学法学部在学中、ホッケーの選手・マネージャーとして上海に遠征、その時の印象が彼の詩の異国臭というべきものを導き出した。

名古屋で『青騎士』を出していた春山行夫と知り合い、『詩と詩論』創刊とともにその主要メンバーになる。詩集に『婦人帽子の下の水蜜桃』（昭和三九年）があり、戦後は社会意識の濃い作品を多く書く。「国鉄詩人連盟」の育成に長年の努力を払った。「アサヒグラフ」に風刺詩「えぴっく・とぴっく」を書いた（昭和二六年）。

近藤東氏が沖縄にやってきたのは、いつの頃だっただろうか。近藤さんは、奥様と御一緒だった。詩人の池田和氏と私は、琉球料理でも食べていただこうと、料亭へ案内したところ、先客が多く座敷が一杯で、茶の間のようなところへ通された。

奥様も一緒なので、自然と話題は限られ、文学の話などあまり出なかった。しかし、それでも近藤氏にとって沖縄は、何か重く映ったらしく、その日の話しぶりからは、モダニスト近藤というイメージはうすかった。五、六日の短い旅で、近藤さんが沖縄についてどう感じたかはわからないが、池田さんも亡くなり、近藤さんのことも私の頭の中から消えた頃、一冊の詩集が届いた。近藤東詩集『歳月』（一九七六年五月五日発行）だった。

沖縄戦が終わり、間もなく「金網」の生活が始まった。カナアミは米軍と沖縄の境界であり、カナアミなしには沖縄は語れない。金網の外にいるのが沖縄人で、米軍はカナアミに囲まれていた。

政治状況は沖縄を何度も変転させた。ヤマト世からアメリカ世、そしてヤマト世と変わり、いまはヤマト世の時代で、なんとなく日本語をマスターはしたが、沖縄の人たちはウチナー世に憧れていた。

近藤さんの詩集『歳月』に「金網」という詩があった。

針金を組み合わせた
金網。
金網は囲んでいます。
広い土地を。
広い土地を。

金網の向こうには　緑色の芝生があります。
きれいです。
金網の向こうには七色の珊瑚礁の海があります。
きれいです。

で始まるかなり長い詩が続いている。
『歳月』は、近藤氏の第九詩集で、沖縄は今も本質的には変わっていないとみる。

オレは珊瑚礁でできた島の
地底に横たわっている。
オレの上にはサトウキビの畑があり
アスファルトの道路が敷き固められ
その上を観光バスが走っていく
バスガイドは説明する
《祖国の勝利を信じながら…》（「旧戦場」）

近藤氏も、あの南部戦跡を廻ったにちがいない、奥さんをつれて、最後の旅行を楽しみながら。

近藤氏は人間世界の偽善的風景を眺めながら一番人間の弱い部分に触れている。この詩集の「あとがき」に、詩はそれを生んだ歳月と共にある、明日には明日の詩が必要である…と書いてある。その近藤さんも今は亡い。

「しづかさよ」の詩碑　佐藤惣之助

佐藤惣之助が沖縄に来たのは、多分私が一一、二才の頃である。

佐藤来島を記念する詩碑が建てられたのは、惣之助の十七回忌にあたる一九五九年で、出身地の川崎市（神奈川県）が那覇市へ寄贈する形で、旧琉大構内に建てられた。陶芸家の故浜田庄司氏が壺屋の新垣栄三郎氏の手をわずらわし、陶板に惣之助の詩を焼き込んだヒンプン型のユニークなものであった。ところが、首里城の復元工事に伴い、この詩碑の移設がきまり、一九九二年六月二六日、那覇市首里赤平町の虎瀬公園内に七一〇万円をかけて移設が実現した。

詩碑には「しづかさよ　空しさよ　この首里の都の宵のいろを　誰に見せやう　眺

めさせやう」が刻まれている。

詩人・佐藤惣之助は（一八九〇［明治二三］年一二月生まれ、一九四二［昭和一七］年五月一五日没）神奈川県川崎市生まれ、小学校高等科を出ただけで、商店などに勤め、少年の頃から佐藤紅緑門下に入り俳句を作る。一八、九歳頃から詩作を始め、大正元年千家元麿、福士幸次郎らと「テラコッタ」を出し多血質の人間臭や体質の強い情感を多彩に表現する作品を書いた。第三詩集『満月の川』（大正九年刊）はアバンチュールの精神による独自の詩的世界をひらいた。その一つが紀行詩集『琉球諸島風物詩集』（大正一一年刊）である。レコード会社専属となり、多くの歌謡曲の歌詞を作った。晩年は『詩之家』を創刊、新人の育成に努めた。『詩之家』からは沖縄の詩人有馬潤や津嘉山一穂らが詩集を出している。

四百年前の薩摩侵攻を謝罪（海音寺潮五郎）

島津の琉球入りと歴史小説家、海音寺潮五郎とは関係がある。海音寺が鹿児島県出身であること、すなわち、薩摩隼人であることである。

沖縄タイムス社が、何かの催しで講師に海音寺潮五郎を起用した。講演が終わって、いろいろとご面倒をおかけしたということで、琉球料理の店「美栄」に会食の席を設けた。

夕食の琉球料理が運ばれるにはまだ時間があった。四方山話をしていると、羽織り袴姿の海音寺さんが急に襟を正し、私の前で正座して、深々と頭を下げた。今の若者たちが使う「いちでーじ」とはニュアンスが違うが、これはどうしたことかと驚いて手で制したが、この歴史作家は泰然自若として、「あの時は皆さんに対して、大変申し訳ないことをした」という意味の謝罪の言葉を述べたのである。

「あの時」とは、島津が琉球を攻略した、いわゆる薩摩入りのことであった。海音寺さんは、四百年ほど前の薩摩による琉球侵攻のことを詫びたのである。

琉球側は尚真王以来百年近く、支配階級も民衆も平和になれて当初から戦意を失っていた。一方島津家は戦国時代とあって、戦火に鍛えあげられていた。琉球側は鉄砲という未知の新兵器を見て「ボーノサチカラ ピヌイジチ」（棒の尖から火が出る）と驚きあわてついに敗走。しょせん島津の敵ではなかった。慶長以後の琉球王国は、完全に薩摩の支配下に置かれ、薩摩は中国貿易の利益をうまく吸い取った。唐一倍（というちばいい）すなわち、中国貿易は二倍の利潤があるということで、琉球から島津は甘い汁をうんと吸い取ったことになる。

海音寺さんは、「あの頃の薩摩は、藩財政が窮乏し偽金づくりが横行、藩は見て見ぬふりをするほどで、侵略は苦しい財政をなんとか建て直そうという考え方から出たものです」と薩摩の苦衷を説明した。

この歴史作家の歴史を通しての反省はわたしのような者にもよく理解できそうだった。後日、私が仕事のため上京した時、どうして知ったのか海音寺さんから電話があり、九段の料亭まで御足労願いたいということであった。約束の時間にその料亭を訪ねると、沖縄では大変厄介になった、と夕食の相伴にあずかった。朝日新聞学芸部の黛哲郎記者も一緒だった。

環礁が好き　（司馬遼太郎）

司馬遼太郎氏は、その著書『街道をゆく』（六）にこう書いている。「沖縄へは、私は復帰前に二度、復帰後一度行った。復帰前に行ったときは足掻くような思いで復帰のことを祈ったが、しかし復帰後に行ったときは、本土の大小の不動産屋が土地買い占めに進出していて、ぼう然とする思いだった。何のための復帰だったかと思ったりした。」と、作家としての良心のうずきを暗に述べている。

とすれば、私が司馬氏に会ったのは、復帰前二度沖縄に来たといううちの一度で、あとは、新聞社の廊下やどこかの講演会場でお見かけしたが、記憶がさだかでない。しかしその一度はかなりの時間、案内役として氏に同道し、話をたっぷり聞いた記憶がある。

司馬氏は、一九二三（大正一二）年八月七日生まれ、本名を福田定一、大阪市出身。昭和一六年大阪外語大を出て加古川の戦車連隊に入営、満州へ渡るが、敗戦後は新日本新聞社、産経新聞社に入社、一三年間勤める。『竜馬がゆく』、『国盗り物語』（菊池寛賞）、『坂の上の雲』（昭和四三年～四〇年）、『街道をゆく』で知られている作家。

司馬氏には私事にわたっていろいろとお手数をかけ、私が『幻想の街・那覇』（新宿書房）を出版したおり、序文を書いていただいたりした。娘の大学選びの際、どうしたわけか、奈良の大学に行くことには強く反対したことを覚えている。

沖縄がたどってきた歴史的な足跡に興味をもち、また翡翠色の内海を抱きこんで、外洋の色とはまったく異なった色の世界をつくっている環礁が好きだとしきりに言っていた。

犬は元気ですか（江藤淳）

江藤淳氏との初対面の挨拶は、「犬は元気ですか」という私の問いに、「え、大丈夫です」と答えたことだった。というのも私は江藤淳氏が飼い犬のことを或る雑誌に書いているのを読んでいて、最近この犬が健康をそこね、心配しているという記事が私の頭に残っていたからである。江藤氏が飼っている犬がコッカースパニエル種であることも知っていた。

江藤氏が何のために、沖縄に来たのか、なぜ私が夕食の席を設けたのか、そのへんのことは記憶していない。ただ江藤淳氏のはじめた「季刊芸術」という季刊の雑誌を私は購読していたので、話題にはこと欠かなかった。

江藤氏は一九三三年（昭和八）年一二月二五日東京生まれ。本名を江頭淳夫、祖父安太郎は海軍中将、父親は銀行員だった。昭和三一年『夏目漱石』つづいて評論集『奴隷の思想を排す』（昭和三三年）所収の諸エッセーで新進批評家としての地位を確立、昭和三五年の六〇年安保のときは、革新陣営の熱狂に対して、市民としての個人の生活意識を強調した。朝日新聞の文芸時評を担当し、三七年八月から満二年間、アメリカに滞在、「アメリカと私」を書く。五一年芸術院賞を受ける。一九九九年、自殺。

沖縄について江藤氏がどんなことを話したか印象に残っていないのは、私を刺戟するような話はしなかったということかもしれない。ただ当時私の家にもコッカースパニエル犬がいて、私の乗った車の排気音を憶えていて、いつも玄関に飛び出してきたこと、そんなことから犬の話が話題の中心になったと思われる。

「あなたはどなた」（岡本太郎）

岡本太郎が再度沖縄に来たのは、沖縄の祭事のなかでも最も神秘的といわれる久高島の「イザイホー」が最後に行われた一九七八（昭和五三）年の冬であった。祭りは一二年に一度、午年（うまどし）の旧暦一一月一五日から五日間にわたって行われるので、一ヵ月ほど早い新暦の十月頃ではなかったかと思う。

この祭事は、本土にも知られていて「もしかすると、これが最後になるかもしれない」という噂もあって、民俗関係者や画家、報道写真家などが大挙して訪れた。

岡本太郎は、一九五九年一一、一二の両月にわたってすでに沖縄本島と八重山を訪問しており、島の歌や踊り、御嶽のたたずまいに感動し、『忘れられた日本　沖縄文化論』を著した。何もないところに、逆に民衆の生命力の輝きを発見し、その感動を通して沖縄文化の本質とともに文化のあり方を捉えなおそうとした、きわめてユニークな本として注目されたのである。

岡本太郎の母は女流作家の岡本かの子、父は岡本一平で、芸術家の血を両親から受け継いだ、いわば天才肌の人である。一九一一（明治四四）年東京に生まれ、両親とともに、フランスで幼少年時代を過ごした。東京美術学校を中退、パリ大学ソルボンヌ民族学科を卒業、戦後はアバンギャルド芸術運動の中心となって活躍した。晩年は「芸術は爆発だ！」で、テレビの世界でも活躍した。

私の記憶に残っている岡本太郎の行状の一つ。沖縄タイムス社で講演をすることになり、その打ち合わせのため、豊平良顕氏や大城皓也氏、それに私などが一室に集まった時のことである。「最近、私は健忘症になり困っている」と、岡本氏が言い出して、旧知のはずの豊平良顕に「あなたはどなたですか、お初にお目にかかります」と、さも不思議そうな顔をしたのには、まわりが驚いてしまった。美校時代、岡本と同じクラスだった大城皓也が「失礼なことを言うな」と叱ったが、岡本はキョトンとしているばかりであった。この分では講演もどうなることやらと心配されたが、なんとかうまく運んだことを憶えている。

沖縄初の西洋舞踊（石井漠、崔承喜）

那覇には「平和館」と「新天地」という二つの映画常設館があった。トーキーなんてものはなく、活弁と称する人たちがいて、暗いスクリーンに仄白く動く画面の展開につれて、弁士がしゃべっていた。平和館は、西本町（大正八年頃開館）にあって、弁士には林正夫とか瀧本楽水とがいた。トーキーはたしか昭和七年頃から上映されたと思う。

平和館は映画館だから、むろん映画（当時、活動写真と称した）がかかっていたが、専門の劇場がないため、当時は踊りなんかも映画館で公開された。

昭和一二、三年頃だったか、西洋舞踊の第一人者である石井漠、少し後にその弟子の崔承喜がやってきて、沖縄では初公開の西洋舞踊を見せてくれたことがある。

音楽がどうだったか記憶にないが、崔承喜はヴァイオリン演奏で踊った。石井漠氏は太鼓のリズムで踊ったように記憶している。漠の踊りは大変面白かったが、白衣の男が冠をかぶって朝鮮人を小馬鹿にしたような戯画風な踊りがあって、芸術的に優れているだけに少し頭にきた。崔承喜の方は、端正なよくのびた四肢、水着のような黒い衣裳がリズミカルな肉体に映えて美しかったのを覚えている。もっと踊ってお目にかけたいが長旅で疲れ気味なので…と言って舞台を後にした。

後年（昭和一一年五月）日本民芸協会主催の琉球古典芸能大会（日本青年会）で、琉球の芸能に接した崔承喜はつぎのように感想をのべている。

「こんどの琉球舞踊に接し得ましたことは、舞踊を専門とする私たちにとって大きな幸福でありました。このような豊かな舞踊の伝統をもつ琉球に対し、朝鮮を故郷とする私としましては、一種の羨望を感じました……」（『真境名由康　人と作品』下巻より）

なお、琉球古典芸能大会には、音楽は金武良仁、伊差川世瑞、池宮城喜輝、舞踊は玉城盛重、真境名由康、玉城盛義、新垣松含、親泊興照、新垣芳子、名護愛子、根路銘たま子ら錚々たる大家、中堅が出演した。

現代風な那覇の母娘（保田与重郎）

一九四〇（昭和一五）年一月、日本民芸協会同人二六人が一挙に来島した。柳宗悦、式場隆三郎、坂本万七らの一行の中に評論家の保田与重郎氏がいた。

ひところ、私は保田の書いた本を読みあさっていた。ことに『日本の橋』は彼の思想を知る上でよい著作だった。

保田（一九一〇［明治四三］年四月一五日〜一九八一［昭和五六］年一〇月四日）は奈良県桜井町の出身で畝傍中学、大阪高校を経て昭和九年東大美学科を卒業、東大学生の頃から同人誌『コギト』の中心的存在として小説や文芸批評を書いていた。

マルクス主義運動の敗北に「美しき徒労」を感じて、昭和一〇年三月亀井勝一郎、中谷孝雄、神保光太郎らと「日本浪曼派」を創刊、昭和一一年『日本の橋』、昭和一三年『戴冠詩人の御一人者』などを書いた。とくに『日本の橋』は、大和桜井の風土の中で身につけたゆたかな日本古典の教養と連想による日本美論であった。

日華事変が深刻化し、大東亜戦争に突入する時期を迎えて、急速に台頭する日本主義や国策的指導論に鬱屈しつつ、日本文学の血統への自覚を伴う古典論へのめりこんで行き『後鳥羽院』（昭和一四年）を著わす。

昭和二〇年三月応召、肺炎を患いながら北支へ派遣された。

『日本に祈る』（昭和二五年）は戦後日本の否定の書として知られる。昭和二三年、公職追放され、文壇からは最も悪質な右翼文士として葬り去られる。戦後は憲法を批判する時評などを書いた。

当時（一九四〇年）の沖縄の世相は、方言論争やしのびよる軍事思想など、一五年戦争から、太平洋戦争へと発展する怪しい雲行きの中にあって、人心はなんとなくざわついていた。保田与重郎も、重苦しい空気の中の沖縄を訪問したのであるが、いたって物静かな風貌をしていて、私服を着ての旅だった。

私は保田を旅館の一室に訪問し、いろいろと話しこんだ記憶がある。保田は、那覇の街のたたずまいやそこで見かけた人たちのことをしずかに語った。とりわけ印象に残ったこととして、若い娘が母親と連れ立ってデパート（山形屋百貨店、大門前通りの角にあった）に買物か何かで訪れ、バスを待っている姿がいたって近代的であると語った。母親は沖縄風のカラジを結い、娘さんは短めの髪形をしていたが、親娘が並んでいる姿は現代風だったという。

保田はその頃四四、五歳。五年後の昭和二〇年には兵役につくはずであった。

沖縄問題についての発言は一切やめる　（中野好夫）

『父　中野好夫のこと』（中野利子、岩波書店）という本を読んで、改めて中野好夫さんのことが、というより沖縄と中野好夫の関係が思い出された。中野さんは、こと沖縄との関係において忘れることのできない人物である。

中野さんとは親密な間柄でも子弟関係でもなく、たんに日本の代表的知識人、評論家、英文学者として知っているにすぎなかったのに、ずい分と関心が深かったのはどうしてであろうか。

中野利子さんは、八〇歳という年齢で、遊びも忘れず、机上の仕事も社会運動も精力的にこなすという日々の疲労が、心臓発作にあらわれたのだと思う、と父の死因にふれている。そして自身のこととして「たとえば雑誌『新沖縄文学』（一九八五年、六五号）の膨大な追悼特集「中野好夫と沖縄」をも、開いてみずにはいられなかった。が、父のエネルギーにたじたじとするばかりで、消化しきれない。」と書いている。

また、父中野好夫が沖縄復帰十年目にあたって「戦後のわたしの沖縄との関わりは完全な挫折であり、見直しの甘さだけがのこる。……私は失敗者だった。…今後は沖縄問題についての発言は一切やめることにする」（共同通信稿）と述べたのに対し、挫折感だけで父がこういう発言をしたとは思われないこと、晩年の父の全体の印象を、深い諦念とその対極の意欲、好奇心とを不思議なバランスで共存させていた……と見るのである。

沖縄にとって忘れられないのは、中野好夫さんの主導で行われた『戦後資料沖縄』の出現である。沖縄の戦後を語る資料が何一つないことに気付いた中野さんは、戦後四半世紀（一九四五〜六八年）に及ぶ沖縄の政治・社会状況を八時期に分け、沖縄問題の発展、曲折、各時期の政治経済、軍事的な特徴を把握できるように『戦後資料沖縄』としてまとめ、中野好夫沖縄資料センター所長編として、一九六九（昭和四四）年一二月、日本評論社から出版した。

この本には、新崎盛暉、高橋実、新里恵二、我部政男、比屋根照夫、屋宜宣仁らが、解説を添えている。

中野好夫さんは、一九〇三（明治三六）年八月二日愛媛県に生まれる。二六（大正一五）年、東大英文科を卒業、以後東京女子高等師範、東大教授を歴任、その間英文学の翻訳、評論などの活動を続け、その仕事は高い評価を受けている。

小国寡民の視点から、沖縄の抱える本質的問題に言及しつづけたことは人の知るところである。沖縄を訪れては多くの知友を得たが、しだいに沖縄とは疎遠となっていた。

「読みさしのルイス・フロイス『日本史』に赤鉛筆一本をはさみ、それだけを携え、父は東大病院に入院した」ということが中野利子さんの本に書かれている。なお、利子さんは慶応大学を出て、高校教師などを経て、現在はフリーライター。著書に『草の根の教師像』『教師たちの悩み　10の人生ドキュメント』等がある。

無想庵夫人の来訪　（武林無想庵）

一九七〇年頃だったか、とにかく夏の暑い日、一人の気品のある老婦人が沖縄タイムス社を訪れた。武林無想庵夫人だということであった。薄い茶色の着物を着て、髪は束髪に結い、とにかく質素そのもののやさしい感じの人だった。

武林無想庵は一八八〇（明治一三）年二月二三日札幌に生まれ、一九六二（昭和三七）年三月二七日その一生を終えた小説家で、翻訳家としても知られ、尋常中学、一高を経て東大英文科に学び、極端なデカダンスに陥り、大学をやめ、家を捨てている。大正初年にドーデの『サフオ』（大正一二年）やアルツイバーシェフの『サニン』（大正三年）を訳している。私も『サニン』を読んで感激した記憶があり、その頃の流行だったと思う。

ダダイスト辻潤との親交から無軌道な愛欲と放浪とに身をゆだね、中平文子と結婚、夫妻でフランスを漂泊し大正一三年『世界を家として』を刊行。愛嬢イヴォンヌ自殺の報に四たび渡欧する。戦後は『無想庵独語』（昭和二三年）を出版、日本共産党に入る。なお、帰朝後は波多朝子と結婚、まもなく失明する。

私が会ったのは中平文子かあるい波多朝子か知らないが（私は根掘り葉掘り問い質

さなかったし、その必要もなかった)、「私は少々無想庵の残した本をもってきていますが、買って下さる方がおいでででしょうか」ということだった。その素ぶりからみて意気込んで是非とも売りたいという風には感じられなかった。なぜ一冊でも買わなかったか、今は後悔するばかりだ。

ブラリと沖縄へ　(きだみのる)

沖縄タイムスの二階に喫茶室があった頃のことだから、一九七〇年頃だったか。うす明るい間接光線の中で、顔はよく見えなかったが、ソファーに腰掛けて一人の初老の男が独り静かにコーヒーを飲んでいた。角刈りにした頭髪は大分白く、半シャツに半ズボン姿で、社員でないことはすぐ分かった。この人物があの『気違い部落周游紀行』を書いたきだみのるだった。

きだみのる(一八九五［明治二八］年一月一一日~一九七五［昭和五〇］年七月二五日)は小説家でありエッセイストでもあった。本名を山田吉彦といい、奄美大島名瀬で生まれ、父の任地である台湾を経て、中学は東京の親類の家から通うが、家出をして函館でジョセフ・コットに出会い、一生の師を得る。自殺未遂などがあって、親類に勘当され、自活して慶大理財科に入るが中退。アテネ・フランセの教師などをして大正八年短期渡欧、昭和八年頃から滞欧。パリ大学で社会学を学び、一四年帰国する。

昭和二一年『気違い部落周游紀行』を発表し、昭和二三年毎日出版文化賞を受ける。三〇年代には愛車ドブネズミ号に男の子を乗せて、各地を訪れた。

不器用な無頼風の生き方、乾いたユーモアを帯びた文章は、硬質の文学といわれた。沖縄にやってきた理由などについていろいろ質問してみたが、これといった答えはえられなかった。ブラリと遊行するのが彼の流儀らしく、沖縄もその例にもれなかったということだろうか。

きだみのる氏のことは、新聞にも出なかったし、当の御本人も仮に新聞記者からインタビューの申し込みがあっても、断ったかもしれない。

物議をかもした新語　（大宅壮一）

一九五九（昭和三四）年六月、評論家大宅壮一氏が、沖縄を訪れた。雑誌「婦人公論」に連載中の「新日本おんな系図」の沖縄篇を執筆するためだった。中央公論の依ていた。
頼を受けて、沖縄タイムスでは、大宅氏の滞在中、取材などの世話を焼くことになっ
豊平良顕氏（当時常務で文化担当）の案内で、首里の琉大を訪問することになった。大学側では琉大図書館長だった仲宗根政善氏が応対し、宮城栄昌横浜国立大学教授、溝口泰子島根大学教授らも居合わせ、いろいろ取材に応じた。当日沖縄タイムスの記者の質問に答えて、琉球大学の印象を次のように語った。

「琉球大学は、八ミリ大学というところかね。東京の私学などは企業化して少なからず利益をあげている。どちらかというと興業的だ。だが琉大は明るく、校舎もよいし、興行臭もない。コマーシャリズムに利用されない意味でのアマチュアだ。」

琉球大学は一九五〇（昭和二五）年五月、琉球列島米国軍政本部によって首里城跡に開学した。一九七二年五月施政権返還と同時に国立大学へ移管、その後現在の西原キャンパスへ移転、医学部の新設などを経て、五〇余年、沖縄の歴史をたどっている。今では立派な総合大学としての役割を果たしつつあって、大宅壮一氏のいう八ミリ大学どころか、三五ミリ大学である。

大宅氏は野次馬評論家を自称し、筆に口に世論を勇ましく斬って行く姿は、健康な庶民の平衡感覚と不屈な在野精神に支えられ、一般受けした。世事百般にわたる幅広

"国籍不明の島だね"

大宅さん中・北部をみる

琉大は"八ミリ大学"

(7)　1948年7月10日第3種郵便物認可　沖縄タイムス

大宅壮一氏のみた戦跡地

ひめゆり・健児の塔

批判のない忠烈さ

帝國日本が動物的訓練

い評論活動を営み、すでに「一億総白痴化」「駅弁大学」「恐妻」などの流行語を生み出していた。

それを知っている沖縄住民は、今日は大宅氏がどんな発言をするのかと、興味津々と見守るといったかっこうだった。たった五日間の短期滞在で、慌ただしい取材旅行ではあったが、新聞記者たちは「大宅先生、今日は新語は生まれましたか」と催促した。新聞記者を喜ばそうという意図はなかっただろうが、大宅壮一氏は次ぎつぎ、面白い新語を発表した。

「琉大は、八ミリ大学である」を筆頭に「沖縄は国籍不明の島だね」、さらに「基地提供の産業国」とか「ブチ（斑）文化の島」「助手席に乗った指導者」「女房とアメリカにぶら下がる男たち」と、次から次へとひねり出す新語は堂に入ったものだった。

大宅発言の白眉の一つに「戦後一四年、アメリカの統治を受けている沖縄がどのように化学変化をおこしたか、沖縄の人々の精神的血液をとって、これを注射し、反応を調べたい」という半ば冗談ともつかぬ言葉がある。

大宅発言に対して勿論反発もあった。ことに八ミリ大学といわれた琉大の反響は大きく、「琉大の内容を知らなさすぎる安易な発言」と真っ向から批判する人、「そういわれても現状は仕方がない」と肯定する人、等々。とにかく草創期から一〇年目を迎えようとする大学に貼られたレッテルだった。

南部の戦跡地（沖縄戦）を訪れて、集団自決やひめゆり学徒の従軍看護婦問題についての感想は、「動物的忠誠心」だった。これには多くの拒絶反応が現れた。若者の一人がこの言葉を聞いて発狂したという後日譚がある。

一九〇〇（明治三三）年九月一三日生まれの評論家大宅壮一は十数人のグループと大宅工房をつくり、評論の集団制作をするなど型破りの存在であった。沖縄を去るに当たって「もっと評論活動を続けたい」と元気なところを見せた。一九七〇（昭和四五）年一一月二二日死去。

単独旅行者と那覇のラビリンス　（島尾敏雄）

島尾敏雄は一九一七（大正六）年四月一八日横浜に生まれる。幼い時父母の故郷の福島県相馬郡に滞在して病身を養った。

父の絹織物輸出業が関東大震災の影響をこうむり神戸へ移る。神戸一商時代に友人と『峠』を、長崎高商時代に友人と『十四世紀』をそれぞれ発刊、海外貿易科に残り、ルソン島を旅行。矢山哲治、阿川弘之、那珂太郎らの『こをろ』に参加。

九大法文学部経済科に入学、文科に再入学し、東洋史を専攻。昭和一八年、私家版『幼年記』を出版する。同年秋繰り上げ卒業、海軍予備学生となって旅順、横須賀、長崎県川棚で特殊魚雷艇の訓練を受け、第十八震洋隊（特攻隊）指揮官として部下と共に奄美群島加計呂麻島で待機する。島民から尊敬され、素封家の娘大平ミホと熱烈な恋愛をした。

昭和二十年八月一三日に発動命令が下ったが、発進命令のないまま一五日の敗戦を迎える。死刑囚体験にも等しいこの体験は島尾の生涯を決定した。

九月復員、神戸に戻り、翌年ミホと正式に結婚した。

同人誌『光耀』を庄野潤三、林富士馬、三島由紀夫らと三号まで出し、特攻隊体験を描いた『孤島夢』（昭和二一年）を発表。同二七年、妻子と東京に移住し、夜間高校の講師をしながら作家生活に入る。島尾に愛人ができたことを知ったミホが二八年頃から神経症を病み、子供二人をかかえて病院通い、入院の後昭和三〇年に妻の故郷奄美大島へ移住。当初は高校講師。署和三一年カトリックの洗礼を受けた。『われ深きふちより』（昭和二九年）、『死の棘』（昭和三五年刊。芸術選奨）、『日のちぢまり』（昭和四〇年）など、いわゆる病妻ものの小説は読者の魂をゆさぶった。

昭和三三〜五〇年、県立図書館奄美分館長。同五〇年、指宿に転居し、鹿児島純心

女子短大教授になる。五二年神奈川県に転居、その間アメリカ及びプエルトリコ、ソ連及びポーランドほか東欧、インド等へ旅行。不慮の自転車事故を惹き起こしその後遺症に悩む。

終戦前の二昼夜を描いた傑作『出発は遂に訪れず』（昭和三七年）と、同じ年に夢の方法による『島へ』や失語症に陥った娘を見守る『マヤと一緒に』が書かれたように、四三年の『日を繫けて』まで、一一冊の短篇集はこの二系列を含む。

葉篇（掌）小説集『硝子障子のシルエット』（昭和四七年）で毎日出版文化賞、日記体（四七年）の作品『日の移ろい』（昭和五一年）で谷崎潤一郎賞を受けた。

以上のことは主として新潮社の『日本文学辞典』に拠るところが大きい。

岡本恵徳（元琉大教授）がその著『ヤポネシア論の輪郭―島尾敏雄のまなざし―』（タイムス選書）で、「私が島尾氏から受けた影響の最大のものは何と言っても『琉球弧』と『ヤポネシア』という言葉によって示される思想であった」と書いているように、島尾敏雄は沖縄にとって重要な問題を提起した作家である。

「島尾が、沖縄へ初めて旅をしたのは、一九六四年（昭和三九）十一月で、その時の旅の記録が「沖縄・先島の旅」（「南日本新聞」一九六五年一月一日）で、島尾はこの旅で、沖縄本島、宮古島、石垣と旅を重ねているのだが、その中で多く筆をついやしているのは沖縄本島で『沖縄芝居』をみたことと、石垣で、まず何よりも『戦争中石垣島にいた海軍の震洋隊の特攻基地』を探し求め、震洋隊員で敗戦後『現地で満期除隊をし』た人たちのことを調べていることである。」（岡本恵徳、『ヤポネシア論の輪郭』）

初めての沖縄旅行のときの記録「沖縄・先島の旅」で、島尾はすでに次のように書いている。

「私は沖縄に生をうけなかったことに、どうしようもない寂しさを感じないわけにはいかなかったが、私の妻が沖縄と似た環境と歴史を持つ奄美の生まれであること、しかも彼女から十世代もさかのぼったその祖先は、沖縄からやってきたという確かな伝承を思い起こすことによって、私は自分自身をなぐさめ、わきたつ心を鎮めることができた」。この一節はもっと注目されてよいのではないか。

私が初めて島尾敏雄を知ったのは（島尾の作品には接していたが）、一九六六（昭和四一）年の三月から四月にかけて、長男伸三と共に沖縄を訪れた時である。

島尾は、勤めていた沖縄タイムス社に私をたずねて来た。その時島尾は同伴の息子を紹介し「息子です」と言った。まだ高校生の伸三は温和そうな感じを受けた。背の高い青年で、とても初々しかった。「この子がやがて高校を卒業するので、この際じっくりと沖縄、つまり彼の父祖の地である沖縄を見せておきたい」という意味のことを述べた。

このときの旅行については「沖縄紀行」（「展望」、一九六六年八月）という文章で、島尾自身が書いている。

「今度の旅は伴った長男に、沖縄のあらましを体験させたかった。しっかりした予定をたてていたわけではないが、ただ沖縄の土と空気を吸わさせておいてやりたいと思った。私の場合、どんなにのぞんだところでなることができない沖縄人に、私の長男は努力しないで加わっている。彼はからだの中にその母を通して沖縄の血を持っているのだろうから。（中略）彼の同伴は、沖縄のどこを歩こうと、私の中のよそものの気分を消し、自由に歩きまわれる通行証の役割を果してくれたように思える。」

島尾敏雄を新沖縄文学賞の選考委員に委嘱することは、『新沖縄文学』にとって一つの展望を開くことであった。それは島尾という沖縄にかかわる個性によって新人を生むという期待があったからで、大城立裕（芥川賞作家）と社内から私が加わって、三人の選考委員の顔ぶれが決まった。この三人による選考は、一九七五年一一月一〇日『新沖縄文学』三〇号から始まって、まるまる一二回、島尾の死によって約一一年（第六九号、一九八七年九月三〇日）の幕を閉じる。

河野多恵子が島尾の亡きあとをつぐことになるが、島尾は長い間、年一回の作品選びに、あきもせずに沖縄に足を運んだ。その間に有能な幾人かの新人を生み出した。島尾敏雄もこの間に書いた小説作品が数多くあり、そしてたびたびの受賞に輝いた。島尾は沖縄に多くの知己をつくり、好きな那覇の街を散歩してものした「那覇日記」「安里川遡行」など、島尾ならではのすぐれた都市エッセイをつぎつぎと発表している。

島尾は昭和六一年一一月一二日（自宅で本の整理中倒れる）、入院先の鹿児島市立病院で出血性脳こうそくで逝った。六九歳であった。

新沖縄文学賞の選考を終えてホテルでコーヒーを飲んでいるとき、「牧港さんのように年をとりたい」と、しみじみと言ったことがある。彼の目に私は老人のように映っていたのかも知れないが（私は島尾より四、五歳年長でそう年のひらきはないのだが）、とても疲れた顔をしていた。

毎年沖縄に来ることを楽しみにしていた島尾の顔色が悪く、躯の調子はいくぶんよくなったと言っていたが、一一回目の選考会は欠席、とうとう沖縄を訪れることがなかった。昭和六一年一二月二二日、那覇市のタイムスホールで島尾敏雄追悼の集いが行われた時、ミホ夫人や息子の伸三（写真家としてすでに一家をなしていた）、マヤさんら遺族をかこんでの会は盛会だった。島尾伸三は、写真家としての道を確実にきわめ、雑誌「太陽」が埴谷雄高（『死霊』の作者）を特集した時に存分に腕を揮った。

八月も終わり頃、ミホ夫人から一通の挨拶状が私の手許に届いた。「わたくし、夫島尾敏雄が帰天致しまして以来、東京の子供たちのもとへと考え続けて参りましたが、思い巡らせました末に、亡夫の七回忌を迎えますのをしおに、二十年近くを夫と共に過ごしました奄美大島へ参りました。いまふるさとの懐に抱かれて、亜熱帯の色鮮やかな花々の香りたつ庭で、南の島の煌めく星空を夜毎に仰ぎながら胸裡に甦えり流れる来し方をいとおしみ、静かな日々を送り迎えておりますが、どうぞよろしくお願い申し上げます。御健勝を念じつつ転居のご挨拶を申し上げます。佳き日に」云々という美しい文面だった。

新沖縄文学賞を選考する島尾敏雄

新沖縄文学賞を選考する島尾敏雄、牧港篤三、大城立裕
1985年10月14日　写真提供：沖縄タイムス社（２枚とも）

第二章　駆け抜けていった人々

一　画家たち

沖縄画壇を覆面でなで斬り　安谷屋正義

某年、某月、某日の沖縄タイムスに全頁を使って、沖縄の画壇をというより画家たちを、何のためらいもなく撫で斬りにするという、当時のジャーナリズムとしては否、今日でも全く異質な、ど肝を抜くようなことが起きた。もちろん、筆者は覆面で、しばらく幻の筆者探しがおこなわれたが、わからずじまいに終わった。

今日、いま初めて筆者の名を明かすが、それは誰あろう好漢安谷屋正義であった。

沖縄展覧会（沖展）が結成され、毎年展覧会が開催されるようになって、ようやく美術展が大綜合展覧会として躍進をとげたかわりに、いつの間にか、展覧会全体にマンネリズムの気配が漂いはじめていた。展覧会運営に責任を持つ新聞社としては、何か手を打つ必要があった。

そして考えついたのが、この際かまわないから、沖展の画家たちを遠慮なく批判するというプランであった。沖縄は批評家の育たない点では有名である。それは島国のせいで社会がせまく、悪く言えば、お互い立ち場が悪くなるので仲間ぼめで終わってしまうからである。そのため、正統な批評や辛辣な批評がなりたたない、ぬるま湯に漬かった芸術環境がいつの間にかでき上がってしまう。それを恐れてのことであるが、安谷屋正義氏は、思う存分、斬りまくった。

全頁を使っての、この破天荒な企画は、大きな話題を呼んだ。そして「いったい筆者は誰か？」と、詮索が始まったが、皆目わからなかった。それは、安谷屋氏が他界した後も、同様であった。

安谷屋正義は一九二一（大正一〇）年八月二六日生まれ、県立二中を出て、一九四〇年（昭和一五）東京美術学校図案科に入学、四四年文展に楕円形盆図案「新生」を出品入選する。この間に戦争。戦後は一九五二年から琉球大学美術工芸科教官として活動。同四九年第一回沖展に初出品。同五七年第一回沖縄タイムス芸術選賞大賞を受賞。同五七年に第三六回春陽会展で「仮象」「築港」「建設」など一連の作品が、春陽会賞に輝き、沖縄画壇に抽象絵画のスタイルを定着させた。ことに白を扱った直線構成のかもし出すトーンは、多くの人たちに影響を与えた。

「五人展」「土陽会」「創斗展」「ネオの会」など、常に斬新なオピニオンリーダーとして活動し、「都計」「文教審議会」「文化財保護」「文化センター設置」などの文化活動で果した功績も大きい。四五歳の若さで他界した。

追随を許さない琉装の美人画　名渡山愛順

ちょっと私事にわたるが、名渡山さんは、私の結婚の相手を紹介してくれた人である。

名渡山さんが県立第二高等女学校の美術教師をしていた頃、私の妻は教え子であった。「年はすこしいっているが、君には良い相手だと思う」と、太鼓判を押してくれたのが一つのきっかけとなって、とんとん拍子に話が進んだ。名渡山さんは、よれよれの黒のソフト帽に、洋服もどちらかと言えばくたびれたパッとしない身なりの人であった。

名渡山さんは、一九〇六（明治三九）年一月二二日那覇に生まれ、県立二中の時、比嘉景常という先生から絵と特に郷土史を叩き込まれた。後年、首里の玉陵の一部が、ある宗教団体の手に渡ろうとした時、体を張って、その阻止運動に務めた。

一九二七（昭和二）年、東京美術学校西洋学科に入学、和田英作教室に入り指導を受けた。金山平三に親しみ、光風会に所属、琉装の女性を描いては他の追随を許さなかった。

一九四一年「那覇の春」で、光風会三皇賞を受賞、同四六年同会々員となる。一九二九年デパート円山号で、南風原朝光と初の二人展をひらいて以来、光風会展、文部省美術展、日展、沖展とめざましい発表活動を行った。

ことに、原色の赤や青を駆使した、重厚なマチエール、沖縄の風俗文化に題材を求める徹底した追求ぶりは、沖縄の画壇で独自の地位を築いた。一九五一年最初のアメリカ美術界視察団・国民指導員としての渡米活動はよく知られている。一九七〇（昭和四五）年八月四日、病いを得て他界。

第15回沖展。沖展の旗を囲んだ会員や関係者たち。那覇市壷屋小学校。
1963年3月　写真提供：沖縄タイムス社

プロペラ時計　山元恵一

筆でちょこっと八の字ヒゲを引いたような、童顔で、しかもどこか渋い役柄をこなすフランスの俳優に似ていて、山元恵一氏は愛敬があった。

思い出されるのは、恵一氏の父君が、那覇署長をしていた頃の話である。さすがに親子で、父君も氏にそっくりの顔立ちだった。この父君には妙なクセがあった。それは、サイドに部下の警官を乗せ、自らはオートバイを運転して、サイドカーで那覇の街を走るというクセである。ふつうは舟の方に上司がおさまり、ハンドルを握るのは部下だが、那覇署長の場合はアベコベである。真面目な顔で運転する姿は街の話題にもなった。

那覇市久米町に生まれ、たしか小学校は那覇尋常小学校で、私も同じ学校だった。一九三二（昭和七）年県立二中を出て、三八年、東京美術学校（現芸術大学）油絵科を卒業、四一年から県立第二中学に勤務、戦後は首里高等学校美術教諭をへて、五二年琉球大学美術工芸科の助教授となり、後進の指導にあたるかたわら沖縄タイムス社の主催する沖展運営委員として活躍した。

終戦直後は、アメリカ軍政府の庇護の下、沖縄の美術家が援助の手を差しのべられたことによって、絵具やキャンバス類を手に入れることができ、首里西森にアトリエをそなえた住居を建て（これは、美術村と呼ばれた）製作にはげむことになった。終戦直後のこととて、あらゆることに不自由した。生活は、アメリカ軍人の似顔絵などを描いて収入源とした時代なので、面白い話も生まれた。

或る日、一人の黒人兵が山元氏のところに現われ、肖像画を注文した。絵が出来上がると、例の黒人兵はポケットから腕時計を出して、金のかわりに…と差し出した。黒人兵が帰ってから山元氏が時計のネジを巻いたら、針が長短針ともプロペラのように回転したのには驚いてしまった。「一杯喰わされたネ…」と友人たちを集めて、このことを報告したら大笑いとなった。プロペラ時計事件として有名な話である。

山元氏の作風は、フランスの詩人・画家たちによって提唱された前衛芸術運動（シュール・レアリズム）の影響を強く受けていた。代表作に『あなたを愛している時と憎んでいる時』がある。詩人小熊秀雄が好きだった。一九七七年一一月四日死去。

米軍の援助で制作三昧　大城皓也

旧那覇市辻町、前の毛の真教寺へ行きつく坂の上に、大城さんの家があった。祖父か、父親かは今はハッキリしないが、いたって厳格な老人がいて、貞直さん（皓也さんという名は成人してからつけた名前）が懲罰を受けている光景をたびたび見たことがあり、それが子供心に沁みこんで忘れることができなかった。両手をきつくヒモで縛り上げられ、天井から吊るされたままで、大声で泣いてもおいそれと許してはもらえなかった。

その頃から皓也さんは絵がうまかった。一九一一（明治四四）年四月一四日、那覇市辻町に生まれた皓也さんは、県立二中を経て一九三四（昭和九）年憧れの東京美術学校西洋画科に学びそこを卒業している。岡本太郎氏とはたしかクラスメートであった。

一九三六年、開南中学校開校と共に美術教師となり、傍ら絵を描きつづけた。三八年には、二科展に出品した「農婦と少女」「遊女と馬」各Ｆ一〇〇号が初入選している。ところが、これらの作品は、一〇・一〇空襲ですべて焼けてしまった。

戦後、東恩納にあった沖縄民政府文化部職員であった頃、アメリカ軍政府のハンナ少佐に頼みこんで、キャンバスや絵具をとり寄せてもらい、毎日が制作三昧の恵まれた日々を送ることができた。時々アトリエを訪れる二世兵が「大城さん絵具はまだありますか」と聞くほど、米軍は何くれとなく援助を惜しまなかったという。

沖縄タイムス社が「沖展」を創設する時に参画し、以来つねに沖縄の絵画運動の中心的存在として活躍した。

琉球大学が創設されると、皓也さんは応用学芸部芸術科助教授（一九五〇～五二年）となる。一九五五年、二科展への出品を再開し、六四年同会の会員に推される。六七年イザイホーに取材した大作「神々の誕生」で二科会員努力賞を受ける。代表作に「執心鐘入」に想を練った「女心」（一九六八年）、「南の海の噺」（一九七二年）、「海の祭典」（一九七四年）などがある。作品集『大城皓也の世界』（一九七五年）が刊行された。糖尿病が悪化、一九八〇（昭和五五）年、他界。享年六九歳。

役になりきって自己陶酔　大嶺政寛

私は、大嶺さんが会長をしていた『新生美術』の第七号（一九八八年）「大嶺政寛追悼アルバム」に、乞われて大嶺さんのことについて文章を書いた。「つまさきで立つものは、立ちつくすことができない。つまりは、人生歩行で、大嶺さんは画家としても、つまさきで立った者とは正反対の、自然体の着地歩行者であったのではないか。」という書き出しであった。そして「企つ者は立たず、跨ぐ者は行かず」という老子の言葉を引いたのであるが、政寛さんのことを、一種の悪口として「赤い屋根の画家」という人がいた。「年々歳々、同じ絵を描く人」、「いつみても赤い屋根の風景画は、かわり映えのしないマンネリズム」といったある種のいらだちをこめた批判であった。

しかし、大嶺さんの画風は、鑑賞するのにむつかしい理くつなど不要だった。誰がみても、その絵には沖縄が呼吸しており、強いていえば、沖縄らしい太陽光線、白い雲、赤瓦の屋根の陰影、眩しい太陽の光り、睡気一歩手前のアンニュイ、そして同時に昼と夜のある（心理的に）バランスのとれた風景の構図。日本洋画界の重鎮中川一政画伯は、大嶺政寛さんを高く評価していた。

夏の日の逝くのを惜しむかのような、あの一瞬のめくるめき。あの無限の明暗。それを大嶺さんは把えて一途に描出したのである。或る意味では、現実には損なわれて息絶えた沖縄の原風景を、大嶺さんはどこまでもそれを現実に引き出す。

大嶺さんの八重山旅行は有名で、八重山などの離島にしか残っていない、沖縄の原風景の亡ぶのを怖れての旅であった。

今では幻の絵となったが、「キビ畑」という前期の作品は傑れていた。おそらく沖縄戦で失ったと思うが、絵の奥の方へと広がる甘蔗の立ち姿に陽が当たっているこの絵は、大嶺さんの一番油ののった頃の作品で、繊細でリリックな筆使いが、キビの抒情を表現してあますところがなかった。

大嶺さんは、直情径行の人であった。人々の目には、時にはそれが荒けずりで、粗野で、時にはバーバリズム、蛮行に映った。

一時沖縄タイムス芸術選賞、琉球古典舞踊の選考委員をしていた。踊りに関してはずぶの素人だが、鑑賞眼がよく、それに絵描きである点を見込まれて、琉球舞踊の大家たちに混じって選考に加わった(これは創始者豊平良顕氏の思惑でもあった)。したがって大嶺政寛氏は芸能関係者と親しかった。ことに真境名由康氏を古典舞踊や舞台の長老として尊敬していた。

ある時、真境名さんが得意とする組踊り「二童敵討」の阿麻和利の大みえを切るところを、御本人の前で真似してみせた。そして、この大御所にむかって、「先生、私の阿麻和利はどうですか」と聞いた。真境名さんは顔をほころばせ、笑って答えなかったが、大嶺さんの面目躍如たるものがあった。

またある時、真境名由康氏の前で「人盗人」を真似たことがある。

「人盗人」は真境名由康氏の創作組踊で、一九三一(昭和六)年頃の作である。那覇の旭劇場以来、この創作組踊は戦前、戦後を通じて由康氏一人で演じてきたものである。明治の終わりか大正の頃になると、動きの少ないことなどで、組踊の観客はだんだん遠のいていた。この実情をなんとか盛り返すために曲と踊りをたくさん織り込んで、変化のある組踊にしようと考えた結果創作されたもので、荒事が随所に演出されている。

大嶺政寛が真似たのは、八字ヒゲを生やした悪者の人盗人が大みえを切るところ、すなわち真境名由康演ずる見せ場の一コマである。「由康先生『人盗人』を真似てよいですか」と、ゆるしを得たつもりだが、もう自分は完全に「人盗人」になり切っていて、自己陶酔に落ち入っていた。

沖縄タイムス社の主催する総合美術展「沖展」の運営者の一人である大嶺政寛さんの死は、沖展を育てた主要メンバーの一人であるだけに、名物男を失なった感じが深い。一九一〇年二月一〇日那覇市に生まれ、生涯を沖縄で活動したこの画家は、一九八七（昭和六二）年一二月二〇日病を得て逝去。享年七七歳。

琉大組　　安次嶺金正

年に一度の芸術イベント「沖展」の運営委員や選考委員を四五年つとめてきた安次嶺さんは、同じ創始者の一人である大嶺政寛さんから「琉大組」と呼ばれていた。これは、半ば羨望、半ば学校出である彼らに対する批判でもあった。

その安次嶺さんは、玉那覇正吉、安谷屋正義、大城皓也、山元恵一らとともに琉大教授であり、また東京美術学校出身である。

安次嶺さんは、一九一六（大正五）年一二月五日名護町宮里に生まれた。東京美術学校では油絵科に籍をおき、藤島武二教室に属していた。戦後は琉球大学教育学部美術工芸科の教授をしながら絵を描いた。

晩年は、酒を愛し、その酒が安次嶺さんの健康をそこなわしめた。だが、酒は断つことができなかった。

私の家内が入院していた協同病院のエレベーターでお会いした時は、大分弱っていた様子で、「入・退院をくり返していますよ」と笑っていた。

晩年は、芭蕉を始め樹木のマッスを描いた絵が多く、緑に憑かれたかのように、描くものはほとんど緑の世界だった。琉大退官記念に出版した『安次嶺金正画集』（一九八二年）がある。一九九三年三月一六日死去。享年七六歳。

二　沖縄研究者たち

二人の大学教授　　溝口泰子、宮城栄昌

『受難島沖縄』という本は、外部の人間の書いた沖縄に関する本としては第一号にあげられる。その著者は溝口泰子という大学の教授だった。どんな内容の本だったか忘れてしまったが、女性らしい或る怨念のこもった（勿論、沖縄のおかれた政治的状況や、戦争のことなどの意味を含めて）文章だった。この大学教授を私に引き合わせてくれたのが、当時横浜国立大学の教授をしていた宮城栄昌氏で、宮城教授とは初対面だった。

溝口さんの印象は、宮城さんの影に回ってパッとしなかったが、五〇を越えたと思われる女性にしては、口紅が濃かった。宮城さんと三人で連れ立ってバーを二、三箇処飲み歩いているうちに、話題が豊富であけすけな面があることを知った。

溝口さんとはその後会ったことはないが、私が妻と一緒に、東京へ行くため飛行機に乗ったとき、同じ機に宮城教授も乗り合わせていた。悪天候で、ゆれが激しく、乗客は不安の色をかくし切れなかった。万一のばあい、これだけ沢山の乗客が運命を共にするのかと、あらぬことを思ったほどである。

スチュワーデスは流石に落ちついていたが、私と妻は席に坐って身じろぎもしなかった。

宮城さんは私共のところにきて、「大丈夫ですよ」となぐさめてくれた。宮城さんは、観念しているようにみえた。ただ一つの飛行機に乗り合わせたということで、急に宮城さんの人柄を知ったような思いであった。

宮城さんは、横浜国立大を退任と同時に、沖縄国際大学南島文化研究所の初代所長となったが、病気になり、しばらく療養生活がつづき、杖を突く身となったが、元気そうだった。『沖縄女性史』（一九六七）、『沖縄のノロ研究』（一九七九）などがある。一九〇七（明治四〇）に国頭間切安波に生まれ、一九二六（大正一五）年沖縄県師範学校で学び、三五（昭和一〇）年東京文理大を卒業。戦時中は千葉師範・宮崎師範で教鞭をとった。一九八二（昭和五七）年、他界。

方言札を一人占め　金城朝永

金城朝永さんは、私にとって、その著書を沖縄タイムス社から出版することで、大変馴染の深い人だが、実はただの一度も会ったことはなく、年齢差もあってか、先輩としての面識なども皆無である。

なのに、知己として親しめるのは、奥様の金城芳子さんを通して、暗黙のうちに親近感を抱いていたというのが当っていよう。じつは芳子夫人は私の小学校時代の恩師で、戦後この方、お亡くなりになるまでずっと親しくしていただいた方である。

金城朝永氏は、一九〇二年（明治三五）那覇市東町に生まれた。小学生の頃から、伊波普猷の「子供の会」や比嘉静観の「沖縄組合教会」に参加して、早くから伊波の影響を受けた。この未来の方言学者、沖縄研究者は、幼い頃から「沖縄学」を追究する運命を背負う形で人生を踏み出したといえる。

沖縄県立第一中学校四年の時、学校の沖縄語弾圧の方言札制度に抗議して、その「罰札」を一人占めにし、月謝免除の特待生から落第生になっている。

一中を卒業後、代用教員などをつとめ、一九二三（大正一二）年に上京、同二六年に東京外語学校を卒業、伊波の紹介で大橋図書館に勤務する。この頃発足した伊波、柳田国男、折口信夫ら諸先輩を中心とする「南島談話会」の会務を引き受けながら勉強をつづける。

金城朝永は、言語・民俗・文学・歴史など幅広い分野にわたって多くの論文や随筆を発表しているが、私は、金城朝永に全集のないことに気づいて、東京の外間守善氏と計らい、全集刊行に踏み切ることにした。こうして『金城朝永全集』上・下二巻本が沖縄タイムス社から出版された。その学殖の深さ、得がたい功績などから、これからもっと注目されてよい学者だと考える。

一九五五（昭和三〇）年三月一〇日、短い生涯を閉じている。

手紙で矢の催促　喜舎場永珣

喜舎場永珣さんとは、面識はないが、なぜか長年つき合ったような思いのする人である。これは、一つは喜舎場さんが、沖縄タイムス社から自分の本を出版する際に私と交わした手紙のもたらした印象ではないかと思っている。

喜舎場さんは、八重山の歴史・民俗・古謡の研究者として知られている。明治十八年生まれといえばずいぶん古い人のように思われるが、学問に捧げる熱情は実に若々しかった。そういう印象を喜舎場さんの「手紙」から受けたのである。

喜舎場さんは一八八五（明治一八）年七月一五日、大浜間切（現・石垣市）登野城の昔風に言えば士族の家に生まれ、一九〇五年（明治三八）沖縄師範学校簡易科を卒業後、直ちに大川尋常小学校の訓導を皮切りに、教員生活に入っている。

伊波普猷が八重山を訪れたとき、伊波は喜舎場さんに、さかんに「郷土教育の必要性」と「民謡の収集」を説いている。つまり、この時の伊波との出合いが、喜舎場さんの進むべき道を決定したといえる。

私が喜舎場さんとさかんに手紙のやりとりをしたのは、『八重山民謡誌』の出版のためであった。その原稿をいただいた時から、喜舎場さんは、どしどし手紙をくれたのである。「マティグトン、チカン」（待ってくれということをきかない）とはこのことで、判読しにくい文字は、当時、八重山支局勤務だった新川明記者（後、沖縄タイムス社長）を泣かせた。原稿の下読みの苦労は大変なものだったらしい。

それに、困ったことは、出版の手筈がなかなか立てられないことだった。

手紙の文面には現われないが、要するにいわんとすることは、「私は年を取っている」「いつまで、ぐずぐずしているのか」「本を早く出版しないと、私は死んでしまう」「それくらいのことは、君も知っているだろう」とまあ、そんな意味が隠されていて、私は手紙を読むたびにすまない、すまないとわびたい気持ちであった。本は一九六八年に無事出版された。それは名著になった。それからしばらくして、一九七二（昭和四七）年四月二日、喜舎場さんは亡くなった。享年八六歳。

昭和六〇年十月三一日、喜舎場永珣生誕百年記念・八重山民俗芸能の夕（那覇市民会館）が行われ、私も舞台に展開する民俗芸能を、永珣氏の像をダブらせながら鑑賞した。

沖縄人を表す言葉は「愚直」です　比嘉春潮

比嘉春潮といえば、反骨精神の申し子みたいな、大先輩である。

一九六四（昭和三九）年七月、沖縄タイムス社の上地一史専務取締役が、前高等弁務官キャラウェイ中将から表彰（感謝状）されたことが、小さく新聞のニュースとして報じられたことがあった。上地さんは、ボーイスカウトで活躍していて、その功績で表彰されたのだが、これが意外にも東京の知識人、とりわけ比嘉春潮さんの神経を刺激した。当時の高嶺社長宛に、長い抗議の手紙が届いた。新聞の代表者が、時のアメリカ軍高等弁務官から感謝状を貰うなど「おかしい」という意味のことが書かれていた。

幼少期に「廃藩のサムレー（さむらい）」の教養と誇りを叩きこまれ、少年期には「旧慣温存期の、正統派首里士族のゆがんだ差別意識との衝突や地方制度改変による貧困を体験した」ことによる磨き抜かれた人生経験などが、沖縄を武力によって統治するアメリカ高官に、無限の怒りを感じたのであろうか。

一八八三（明治一六年）年一月七日、西原間切翁長村に生まれた春潮氏は、父春良が首里山川村の譜代士であった。家は琉球処分前後に没落して、翁長村のウッチカシー（掟加勢）として生計をたてた。

青年期には、農村社会の貧困、ヤマト人官僚の沖縄社会支配、そして沖縄側の後進性と停滞性を見せつけられる。

こうした時代体験や環境が、温和である半面、激しい反骨精神を秘める人柄を形成する基礎となっていった。それは後の思想や学問の原点でもあった。

一九〇六（明治三九）年沖縄師範学校を卒業、南風原小学校の教員をふり出しに島尻郡教育会書記などをつとめた。

この間、キリスト教からトルストイズムへと変転、四三年に伊波普猷と出合い、沖縄の苦難な歴史に深い関心を抱いた。また河上肇の講演を聞き社会主義への関心を掻き立てられる。

エスペラント学習にも手を初め、台湾のエスペランチスト蘇璧輝にも会っている。

一九一五（大正四）年玉城小学校校長となり、一九一八年には那覇区松山小学校長から『沖縄毎日新聞』『沖縄朝日新聞』の記者となる。

翌一九一九年に県庁入りし、一九二二年まで勤続した。新聞記者時代から社会主義思想の学習グループをつくり『共産党宣言』をはじめ文献読み合わせの中心となる。その影響下、暁民共産党結成メンバーの一人、仲宗根源和のほか、瀬長亀次郎や豊平良顕らを輩出している。

一九二〇年には、日本社会主義同盟に名前だけ加盟、堺利彦とつながりをもつ。

一九二一年、宮古へ出張する船中で、柳田国男に出会う。

一九二三年官界をやめて上京、四一歳で改造社出版部員となる。同社で編集にたずさわるかたわら、柳田に師事、「南島談話会」に加わり、一九三二（昭和七）年～三四（昭和九）年に改造社を一時退職して、柳田と共同で『島』を編集発行した。その後木曜会にも参加するなど戦中、戦後ずっと柳田門下で民俗研究をした。

一九五五年一月から『沖縄タイムス』紙上で「沖縄民族の歴史」を執筆連載した。東亜考古学会の琉球班に参加したころから「沖縄近世農民生活史」を構想していたので、沖縄タイムス社からの交渉（豊平良顕氏）に喜んで応じた。中途で病気のため中絶したこともあったが、五八年三月末、二一九回でひとまず完結、全編にわたって筆を加え、書名も『沖縄の歴史』に改め一九五九年の六月その第一刷が世に出た。

沖縄タイムス社から招聘（六月二〇日～七月九日）された比嘉春潮さんは、本島内を南から北まで隈なくみて回り、戦争のためすっかり変わりはてた故郷の姿に驚く。「目下建設中の辺野古の軍用地、返還された西原村の飛行場跡も見ました。滞在中に起こった石川市のジェット機墜落事件には、とくに大きなショックを受けました」と著書『沖縄の歳月』（中公新書）のあとがきにのべている。

自ら書を喰う虫と称した春潮さんは、晩年『蠹魚庵漫章』（一九七一年）という本を書いた。またインフォーマント（資料提供者）を標榜、控え目で実証性を重んじる貴重な研究者として生きた。主な著書に『沖縄の犯科帳』（崎浜秀明と共訳・編、一九六五年）『比嘉春潮全集』（全五巻）などがある。一九七七（昭和五二）年七月一一日死去。

『なはをんな一代記』　金城芳子

金城芳子さんは『なはをんな一代記』（沖縄タイムス出版）の著者として知られている。いろんな集まりで顔を合わすたびに、私のことを「私の教え子ヨ」と、まわりの人達に紹介するのだった。私の通っていた那覇尋常小学校の教師だった金城さんは、セルの着物に紫の袴を胸高にはいた美人の先生であった。国語の時間になると、教科書はそっちのけで、ロビンソンクルーソーや、アラビアンナイトを美しい声で朗読して皆を喜ばせた。

榕樹の陰で、かくれんぼ遊びに加わる金城先生の袴の中にかくれる悪童たちを、叱りもしない先生は皆から慕われていた。

那覇市の辻町生まれの金城さんは、私の級友であった金城三郎の兄貴に当る金城朝永さんと結ばれた。

戦前に東京へ出て、福祉活動に取り組んでいた。郷土出身の学者の金城朝永と結婚後は、夫君の研究を助けながら「ふるさとの家」を主宰、県出身者学生たちを支援した。沖縄に友人が多いため、東京と沖縄を往復して、会合のあるたびに、元気な顔をみせていた。琉球舞踊が得意で、しばしば、舞台にのぼりその芸を披露した。一九九二年一二月東京で死去。享年九〇歳だった。「沖縄にも市川房枝基金のようなものを……」という遺族の希望で、遺産一千万円が沖縄協会へ寄贈され、女性の地位向上に功績のあった調査・研究を助成する金城芳子基金が設けられた。

体内に砲弾の破片をとどめて　仲宗根政善

そのとき、私は北部へ護送されるアメリカ軍のトラックに乗り合わせていた。目的地の古知屋岳ふもとにある収容所の近くで、トラックは私たちをおろして走り去った。そのとき、ボロボロのシャツを着た一人の男と出会った。それが仲宗根政善さんだった。

アメリカ兵の一人がそこへやって来て、手マネで、広島に大型爆弾が落ちたくさん人が死んだことを告げ、戦争はやがて終わると得意そうに語った。

仲宗根さんとどんなことを語り合ったか記憶していないが、仲宗根さんも古知屋収容所に収容される仲間の一人であることがわかった。

東恩納に沖縄の民政府ができ、石川市から毎日民政府の文化部へ通っていた頃、隣の文教部に仲宗根さんがいることを知った。仲宗根さんは、もう新しい教科書づくりに精出していた。以上が仲宗根さんと会った戦争直後の印象である。

仲宗根政善さんは、一九〇七（明治四〇）年四月二六日、今帰仁村与那嶺に生まれ、福岡高校、東京大学文学部（国語学専攻）卒業後、一九四五年、沖縄県師範学校女子部教授となる。

一九四五（昭和二〇）年沖縄戦下、ひめゆり学徒隊を引率。六月一八日学徒隊は陸軍病院が解散となり、一九日には現在のひめゆり塔の壕で、ガス弾をほおり込まれて、職員生徒三五人が無残な最後をとげた。その他の多くの学徒は、沖縄最南端の断崖に追いつめられて命をたった。ひめゆりの塔に祀られている生徒は一九四人。「いはまくらかたくもあらむやすらかにねむれとぞいのるまなびのともは」（仲宗根政善氏作）の痛魂の歌が刻まれた歌碑が塔前に建っている。一九七五年、ひめゆりの塔を参拝中の現天皇が皇太子の頃、夫妻に壕内から火炎びんが投げられ、改めて戦争責任問題の根深さを示す象徴的な事件として、世論を喚起した（ひめゆりの塔事件）。

戦後しばらくしてこの「ひめゆりの塔」が、全国的に知られるようになり、映画化の話が出た。一九五三（昭和二八）年東横映画（現東映）が製作することになり、沖縄でも期待された。原作は石野径一郎で、何かの雑誌に連載されたものであった。監督今井正、出演香川京子、津島恵子、関千恵子、岡田英次、藤田進らで、沖縄でも話題となった。

仲宗根さんのところへ、いろいろとインタビューをするマスコミ関係者が押しかけたが、仲宗根さんの気持ちとしては、どこかへそっと隠れていたい気持ちで、そのことを私に語ったことがあった。仲宗根政善さんにとっては、映画化で騒がれることはあまり賛成ではなかった。今井正監督の演出は、実際に沖縄現地でロケをすることもなかったが、それなのに、かなり沖縄戦に迫った感じで迫力にみちたものという印象を受けた。

仲宗根さんの著書の一つに、『「沖縄の悲劇」ひめゆりの塔をめぐる人々の手記』があり、一九五一（昭和二六）年七月、華頂書房から刊行され、全国的によく読まれた。同書は六八年に『あゝひめゆりの学徒』（文研出版）、七四年に『沖縄の悲劇』（東邦書房）、八〇年に『ひめゆりの塔をめぐる人々の手記』（角川書店）と、四度版を改めて刊行された。

仲宗根さんの体内には、右側頸動脈近くに三角の砲弾の小さい破片が残っていて、戦争の傷跡を引きずったままであった。

私にとって忘れることのできないことは、一フィート運動で行動をともにしたことである。琉球大学（副学長）をやめ、学問研究も油ののっている時期であったが、仲宗根さんに会長就任をお願いして、「子どもたちにフィルムを通して沖縄戦を伝える会（通称・沖縄戦記録フィルム一フィート運動の会）」をはじめたのだった。一九八三年、那覇市八汐荘において会の結成総会を行っている。一フィート運動自主製作映画「沖縄戦・未来への証言」全五五分カラーは、全島各地、本土及びアメリカなど世界各地で上映された。フィルムは、アメリカ国立公文書館から買い取ったものである。

そのような活動をしながらも仲宗根さんは、晩年まで言語学者としての研究を続けられた。その成果が『沖縄今帰仁方言辞典』（一九八三年）である。仲宗根さんは、戦争中も大学ノート半分大の方言研究ノートをリュックに入れ、肌身はなさずもっていた。一九九五年二月一四日逝去。

三　社会運動家たち

最後の沖縄県知事　　島田　叡

「沖縄が戦場となるのを覚悟のうえで着任した島田です」

この短いことばのなかに島田叡さんの全人格がこめられていて、百万言を費すより的確に示している。

着任した時の知事は、カーキー色の国民服ではなく、スッキリとした黒の詰襟服姿だった。清楚というコトバがピッタリしていた。

島田知事は文字どおり沖縄が戦場となる直前の一九四五年一月三一日、単身で赴任してきた。細おもての鉄ぶちの眼鏡をかけた物静かな人だった。新聞記者との初対面のあいさつがどう交わされたのか、おぼえていない。

一〇・一〇空襲で焼け残った県立第二中学校の校舎に、緊急南部市町村長会議が招集された。アメリカ軍の上陸に備えて、住民の疎開計画をたてるのが彼の最初の行政上の問題であった。

島田知事が、真っ先に考えたことは、沖縄県庁として、部下官僚たちをどう有効に使い、戦争下で指導力をどうすれば遺憾なく発揮できるかということであった。その一つの現われが、県庁職員を中心に、沖縄県後方指導挺身隊を結成することであった。

アメリカ軍が沖縄上陸した直後の四月二七日、おりから降りしきる豪雨の中、島田知事はふたたび、中・南部市町村長会議を繁多川の壕内県庁で開いた。

私は、この会議の模様を同僚の大山一夫記者の取材で知ったが、青木雅英県議が、壕の外で戦死したことは後で知った。

この頃、沖縄住民の日本本土疎開者は約六万人、島内疎開、すなわち北部へ避難した人たちは約十万人だった。

高嶺朝光さん（すでに沖縄新報社長不在のため高嶺さんが実質的には社長の任務についていた）、それに豊平良顕さん、私らは、土砂降りの雨の中を、東風平村志多伯に島田知事がいるときいて、志多伯の壕を探すことになった。鉄血勤皇隊員らしい、あどけない中学生に尋ねると、壕は近いことがわかった。広い巨大な壕で、砲兵隊の陣地に予定されていたので、島田知事らは、どこか別に壕を探して移らねばならないことになっていた。雨のため、雨水が壕内に濁流と化して流れ込み、通路は急流の川と化していた。

島田知事は比較的大きな壕内の部局にいたが、疲れ切って倒れ込んだ高嶺さんのために、牛乳を温めて飲ませた。高嶺さんは牛乳を飲みほすとそのまま地べたに眠り、凄いいびきをかき出した。明日は早朝から「この壕ともお別れだ」と知事は笑ったが、私たちが見た最後の知事の姿だった。

大阪府内政部長から沖縄県知事として赴任してきた島田叡氏の携帯品の中に、ピストル二丁と『大西郷遺訓』と『葉隠』の二冊があった。「私たちは、何も悪いことはしてないのに」と、沖縄行きを命ぜられたときに奥さんはそっともらしたという。島田叡知事がいつ、どこで戦死したのか、ハッキリしない。

革命家　徳田球一

私は、徳田球一とは一面識もなく、世代が離れているため、同時代人という感覚はないが、沖縄の生んだ一人の傑出した人間として、また郷土の生んだ人間としてある種の親しみを感じている。

ただ、私が徳田球一を過去の人間としてではなく、間接的ではあるにせよ、生の人間としてその人となりを感得したのは、徳田球一の小さい伝記を書くという機会を与えられたからであった。

豊平良顕さんがある日、私を自室に呼んで「君、徳田球一の伝記を書いてはどうか」ともちかけた。とっさに、「いま頃、徳田球一でもあるまい」と思ったが、政治や政治家という存在は、私にはピッタリこない面がある。けれども徳田が、名護の産で、現共産党幹部から無視されていること、そればかりか、かつてはすぐれた指導者として有名を馳せた人物なのに、今は完全に忘れさられていて、彼が沖縄の産であることすら知られていないという実情に私は思い至った。豊平さんにどんな思惑があったか知らないが、新聞に連載することで張りのある毎日がもてると思った私は「書きたいと思います」と答え、すぐ下準備にとりかかった。幸い矢野克子さん（球一の実妹で詩人）を頼って、沢山の資料をいただいた。克子さんの夫君矢野代議士が沖縄を訪れた時もいろいろとはげましを受けた。

書き出しに、石川啄木の、「われは知る、テロリストのかなしき心」ではじまる詩をもってきた。啄木の歌う幸徳秋水の師中江兆民は、若い日の徳田球一に強い影響を与えた人物である。その意味での書き出しであった。

徳田球一伝は、一九七〇年二月から五月まで約三ヵ月にわたって沖縄タイムス紙に連載され、一九八〇年一一月一五日、タイムス選書の一冊として同社から出版された。

徳田球一は一八九四（明治二七）年に父・佐平、母・マカトの長男として名護間切（現・名護市）に生まれた。祖父は鹿児島出身の商人で、母方の祖母は人身売買の犠牲者という複雑な家系に育つ。

一九一一（明治四四）年、県立一中を卒業後、医学を志して上京。転じて七高造士館に入学、そこで父方の親類から沖縄育ちであるという理由で差別を受け、一年で中退。帰郷して代用教員、郡役所書記をつとめる。一九一七（大正六）年再度上京、東京府庁などに勤務するかたわら日大夜間部に通い、一九二〇年弁護士となる。勤務先の法律事務所で、社会主義者と接触、自ら活動を開始する。

日本社会主義同盟の結成（一九二〇年一二月）に参加、その解散後は水曜会に加わり、一九二二年一月モスクワの極東民族大会に代表として参加、同年七月に堺利彦、山川均などとともに日本共産党を結成し書記長となる。

翌年、第一次共産党事件で検挙され、一九二四年の解党に同意。その後二八年の三・一五事件で再び検挙され、以後敗戦までの約一八年間獄中に在って非転向を貫く。

一九五〇年、マッカーサー指令により公職を追放され、地下活動に入る。のち中国に亡命、北京で客死。徳田の一生を貫いたものは、革命であり、戦いであった。

もう十何年も昔のことになるが、多摩霊苑墓地にある徳田球一の墓に参拝して、香花をたむけたのが、未知の人間徳田球一に対する私のせめてもの追慕のしるしであった。

ニュースはないがバナナはある　仲吉良光

仲吉さんの姿を追憶の彼方から引っ張り出してくる時、私の頭の中に浮かぶのは二つの光景である。

一つは、「戸障子もないがらんとした板の間の大広間にごろ寝をして、「やはり、私はヤマトに行く」と気の早い復帰論を情熱的にしゃべり、とうとう夜をあかした戦争直後の石川の焼け残りの家の光景と、もう一つは戦後沖縄タイムス社を訪れ、ノド元を押さえて話していた時の表情である。仲吉さんは咽喉ガンの手術を受け、声を失っていた。

仲吉良光さんは、一八八七（明治二〇）年五月二三日、首里儀保村（現・那覇市）に生まれた。一九〇八（明治四一）年沖縄県立第一中学校を卒業、同一二年早稲田大学英文科を卒業、琉球新報の記者となる。青年期に、キリスト教に入信、路傍で説教を行うほどだった。そして当時のインテリ青年の例にもれずトルストイに感化され、熱心なトルストイズムに傾いた。一九一五年頃当真嗣合らと沖縄朝日新聞を創刊、県政記者として敏腕をふるう。

一九一九年、東京日々新聞に転出、同二三年退社、その後渡米しロサンゼルス市で羅府新報記者となる。同二五年帰国、東京日々新聞に再入社、同社地方部長時代の四二年、首里市長に迎えられて帰郷。東南アジアの砕米買入れで、泡盛産業振興につくす。

私にとっても忘れられないのは、仲吉市長の発案でおこなわれた龍譚池の浚渫作業である。首里は記事になるニュースが少なかったから、私は一も二もなく飛びついて記事にした。文化都市としての首里を振興しようということで、毎日市民を動員しての池さらいが行われ、そのことが首里の沈滞した人心を目ざめさせた。

だが、戦争の影が日ましに忍びより、仲吉市長も毎日鉄兜をかぶって陣頭に立たなければならなかった。ある日、首里市役所に行くと仲吉市長が薄暗い市長室で、なぜか谷崎潤一郎の小説を読んでいた。「今日は、何もありませんか」と私が聞くと、「ニュースはないが、バナナはある、たべ給え」と、バナナを押しやった。アメリカ帰りらしく、アメリカの事情をよく知っていた仲吉さんは、「日本はアメリカと戦って果たして勝算があるのかね」と疑問視していた。アメリカ軍が上陸する直前まで私は首里を根気よくカバーしていた。

話は冒頭に戻るが、仲吉さんは、それより先の一九四五年八月、知念村の米軍捕虜収容所にいる時に、アメリカ兵が読んでいた米誌『ライフ』で、天皇制の存続、領土不拡大などの米国の対日占領政策の基本方針を知って、直ちに東恩納の米軍司令部に、「沖縄の日本復帰」の文書陳情をおこなっていた。

石川市の空家でゴロ寝しながら、復帰のことを熱情的に話した仲吉さんは、米軍の計らいで一九四六年八月に日本本土に渡った。そして、「沖縄諸島日本復帰期成会」を結成して、その代表となり、在東京の漢那憲和（旧海軍大佐）ら有志一二人とともに、あらゆる機会を捉えて日米両政府に陳情している。その主張の軸となっているのは「血は水よりも濃い」という日琉同祖論に立つもので、もっぱら文書活動による運動で、大衆運動とは一線を画していた。終戦直後から日本復帰運動に挺身した仲吉良光を人呼んで「復帰男」と称した。

仲吉さんは、復帰後の一九七三年に帰郷し、翌年の一九七四（昭和四九）年、八六歳で世を去った。著書に『沖縄祖国復帰運動記』（一九六四年）『陳情つづけて二十余年』（一九七一年）がある。

ダビカジャー　国場幸輝

国場幸輝。沖縄野球界で誰知らぬ者はない。コクバコーキ、「カミーッチー」と呼ぶ。カミーは在来の幼名、それにチーがつくことによって国場も幸輝も邪魔っ気になる。

沖縄の人の呼び方は面白いほど堂に入っている。那覇あたりでは、長兄のことを「ウフー・ヤッチー」、中間を「ヤッチー」またはその上に名前をつけて呼ぶ時もある。しかし古くは名前は付けなかった。その時はつまって「ジルーッチー」（次郎兄）のごとき形になる。「ヤッチー・グヮー」は自分に一番近い兄を呼ぶことが多い。例えば、三男であると長男には「ウフー・ヤッチー」、次男には「ヤッチー・グヮー」という。グヮーは愛称（または指小）語尾である。琉球語においては、日本語のエ（e）がイ（i）になるから「アニ」は日本の「アネ」にあたる。（「首里・那覇方言における、親族関係の語に就いて」『金城朝永全集』上巻 言語・文学篇、沖縄タイムス社発行）。

カミーッチーは一九一一（明治四四）年九月三日那覇市に生まれ、県立二中（一九二九年）を卒え、終戦まで那覇郵便局に勤務、一九五〇年、沖縄タイムス社に入社、記者をふり出しに運動部長となる。沖縄社会人野球連盟理事長を長い間務める。その功績で一九六四年、第八回沖縄タイムス賞（体育賞）を受ける。

以上はカミーッチーの略歴だが、徹頭徹尾野球に打ち込んだ人生である。沖縄戦は沖縄住民に再起不能と思われるほどの手痛い災禍をもたらし、一時は心神喪失の時代を迎えることになるが、カミーッチーは野球好きな人たちを集めて俄かチームをつくり、アメリカ軍のチームを相手に野球を始めた。カミーッチーには、戦後の空白時代に、手近にある野球が一種の救いとなっていた。

沖縄には野球の先輩は多いが、一生を野球に捧げたカミーッチーは、やはり珍しい存在である。

沖縄タイムス社の運動部長時代、社の主催する野球試合を運営する傍ら第一線でプレーする姿に「国場幸輝主催、沖縄タイムス社後援」と皮肉られたりしたが、それがさまにあてはまるように思えたから妙である。音楽好きで、興にのれば、誰かにヴァイオリンを自宅に取りにやらせたりもした。腕の方は今一つというところだが、この奇習は変わらなかった。

誰の告別式にも区別なく出席していた。それだけ顔が広い証拠でもあるが、ほとんど毎日に近いありさまで、私に「トクーッチィ（篤三さん）、今日もダビカジャーだよ」と溜息まじりに本心を明かすあたり、まじめな性格の持ち主だった。だが、そのカミーッチーも今はこの世にいない。

伍長ふーじなむん　瀬長亀次郎

瀬長亀次郎さんは、沖縄朝日新聞社では、「亀さん」の愛称で通っていた。私が新聞記者としてはまだ駆け出しの頃である。間もなく瀬長さんは背広を脱いで軍服姿となり、中国（中支）戦線へ投入されたが、軍務のかたわら、それでも戦場の模様を知らせてきた。私は前線で瀬長さんが書いた、大変読みにくい文章を新聞原稿に書きなおす仕事をさせられた。

話は前後するが、鹿児島の第七高等学校造士館に籍を置いていた瀬長さんは、学生の頃から思想運動をつづけついに退学のハメとなった。だが、社会主義運動をなおも続け、とうとう官憲の手に捕まり、短い期間であるが刑務所入りをした。瀬長さんが私の働いていた沖縄県工業指導所（安谷屋正量所長・画家安谷屋正義氏の父親）の漆工部に来たのは、県の佐々木特高課長の計らいで、刑務所を出たての一時就職先であったわけだ。

仕事は漆器に蒔絵を施す、漆芸の基本的なもので、毎日顔を突き合わせていた。話題は瀬長さんの思想運動中の得難い話ばかりで、私は瀬長さんの意外な半面をかいま見る思いで、毎日が充実した時間の流れの中にいた。

話の中で瀬長さんは、近衛聯隊にいたことや砲兵で毎日馬の世話をしたことを語った。馬には、「ひっかける」ということがあって、物の気に触れたら急に駆け出し、容易には止まらないという蘊蓄もかたむけた。また「天皇が白馬にまたがって現われる時は、なんだか背中が凍りつくように緊張して、どうにもならなかった」とも語った。

私が軍隊時代の階級は何んだったか？　と質問すると、気恥ずかしそうに「伍長ふーじなむん（伍長のようなもの）」と、はずかしそうに答えた。

瀬長さんは、人間として温かい面があった。

沖縄朝日新聞から、毎日新聞那覇支局員に転じ、間もなく結婚。

瀬長さんは、一九〇七（明治四〇）年豊見城村間切（村）に生まれ、一九二三年には県立二中から七高に学んだが、学校を中退したことは先に記した。

戦後は、人民党を結成し、米軍の圧力を受けながら一九五六年那覇市長に選ばれ、米軍からさまざまな嫌がらせを受けた。泉崎橋が片側だけで、満足な橋の形をしていない一時期があったが、それは瀬長さんが受けた（米軍が工事の中止を命令した）苦難の象徴のようなものであった。

瀬長亀次郎さんが、沖縄の実情を本土に訴えるため執筆した『沖縄からの報告』は、一九五九（昭和三四）年七月、岩波書店から新書として発刊された。琉球政府の当時の統計資料や新聞などをもとに、米軍政府の施政を報告したこの本は小冊子でありながら、沖縄の現実を解説し、レポートした意義は大きい。

瀬長さんは、米軍の弾圧を受けながら活動、日本共産党副委員長に推され、反米闘争、復帰運動をつづけ、衆議院議員として活躍。「カメさん」の愛称で親しまれた瀬長さんだが、二〇〇一（平成一三）年没。

四　芸能・工芸家たち

無口な沈金師

金城南海

戦前のこと。沖縄県庁の隣りにあった、沖縄県工業指導所（当時、安谷屋正量所長・漆芸関係技師は生駒弘）には、奇妙な組み合わせとしか言いようのない人々がいた。後の衆議院議員で共産党副委員長の瀬長亀次郎や沈金師の金城南海氏らである。瀬長氏については別に登場しているので、金城南海氏のことを語ることにする。

南海さんの仕事は、漆器の盆や椀類に小刀で下絵のような彫りを入れ、後で漆を引き、金粉をすり込むという作業で、繊細なテクニックを要するものだった。でっぷりと肥った上体を息苦しそうに曲げて作業をするのだが、無口で悠揚せまらぬところがあった。工業学校を出たての青臭い私のような者にもよくつき合ってくれた。私は漆器の上に模様を筆で描く、いわゆる漆工の仕事が主で、実習生だった。

夏の暑い時は、庭の生い繁った芭蕉の広い葉っぱを切って来て、それを尻の下に敷いた。冷たくて痔に良いとのことだった。生駒技師も、南海さんには一目おいていて、会話を交わす言葉も丁重だった。

南海（本名・唯貞）さんは一八八八（明治二一）年一月、那覇市若狭町に生まれた。父唯翰が王家の貝摺奉行所で螺鈿・沈金に従事していたため、幼少より手ほどきを受けた。後、熊本の聯隊に入隊、日本画などを学ぶ。除隊後は京都に直行して、図案などを学ぶ。その芸術的素養は大部分この時代に培われた。帰郷後は沈金手法を行なう。沈金の外、絵画、書、俳句をよくし、丹青協会に属し、山田真山らと球陽画会を組織し活躍した。戦争中は宮崎に疎開した。享年八一歳。一九六九（昭和四四）年一一月二八日没。

空襲に追われるような公演　真境名由康

老人ではあるが、別に疲れ切ってどうにもならないというほどのことでもないらしく、しかし、腹から発した言葉には違いなかった。真境名さんは「まるで空襲に追われているみたいだね」と吐き捨てるように言った。移動そして公演、また移動という強行軍であった。

それは、一九六八（昭和四三）年、沖縄タイムス創立二十周年記念事業「これが沖縄だ」展と、沖縄伝統芸能の夕べの二つの行事を引っさげて、総勢約三人が、東京、大阪、福岡、北九州市と、巡業した時のことである。展覧会と芸能祭の同時開催で、企画・運営のすべてを私の責任でやっていかなければならなかったので、成果を期待する以前に、果たして最後までやりとげられるかどうかという、不安が先立つ仕事だった。島袋光裕さんなんか、放送局（ＴＢＳ）の朝の早いステージ入り直前にダウンして、早朝から医者さがしの有様だった。

真境名さんが「沖縄戦」を例に引いて私をなじったのは、東京は日本橋三越百貨店の三越劇場の楽屋で、舞台に立つ扮装のまま、しばし休憩中の時に発した皮肉をこめた発語だった。

組踊の復興に着手したころ、真境名佳子さんの舞踊道場で、会派をこえた琉球芸能関係者が集い、戦後初めての組踊研究が始まった。伊波普猷の「琉球戯曲集」を底本に、組踊五番の台詞を本番さながらに朗読する会で、真境名由康さんがまずお手本を示し、一同がこれにならうといったものであった。あれは、真境名さんが健在であって始めてできた古典継承の出発だったと思う。

真境名さんは一八八九（明治二二）年一〇月八日、首里市崎山で生まれる。七歳の時、上の芝居で初舞台を踏み、一九〇七（明治四〇）年ごろ玉城盛重に師事、組踊を学ぶ。その後「沖縄座」から「球陽座」へ移り、一九一三（大正二）年に大阪、東京で演劇を研修、一九一六（大正五）年六月、新しい演劇をめざして結成した潮会の会長となり、連鎖劇の上演など沖縄演劇に新風を送り込んだ。一八年中座に入り、翌年「淵」を創作、二三年「伊江島ハンドーグヮー」を創作。名作としていずれも人気を呼んだ。

一九三一（昭和六）年、珊瑚座を結成、座長として劇団の結束、安定に腐心する。四三年には、沖縄で初めての役者所有の国民劇場を新築するが、一〇・一〇空襲で炎上焼失。珊瑚座も解散する。

戦後は、沖縄座を結成（一九五二年）するが、翌年に解散。まもなく舞踊研究所を設立して舞踊、組踊の指導に取り組む。自らも国指定無形文化財・組踊りの技能保持者（一九七二年五月認定）として活動、創作にも打ちこむ。創作に「人盗人」「雪払い」などがある。、沖縄タイムス社主催の「芸歴八十五年記念顕彰公演」で踊ったのが、最後の舞台となった。一九八二（昭和五七）年二月二日、死去。享年九二歳。

組踊「二童敵討」で阿麻和利を演じる真境名由康。
タイムスホール。1968年。写真提供：沖縄タイムス社

記録映画の散山節　安富祖竹久

安富祖さんが、舞台に端座して三線をかまえている。いわゆる弾き姿のポーズで、なぜか、拳銃を自身の額に当て瞑目していて、ハッとする時がある。

それは、沖縄戦のおり、警察官だった安富祖さんが米兵にかこまれたとき、覚悟の自殺をとげようと、拳銃をまさぐったという、投降直前の心理状態を話してくれたことを、思い出したからである。

安富祖さんの歌や三線は長い年月に磨きこまれていて堂に入っていて、人柄の優しさが歌にこもって他の追従を許さなかった。

私の大先輩である豊平良顕さんが、奥さんを亡くされて孤独に沈んでいた時、夜いつも安富祖さんのレコード「散山節」を聴いていたという話をきいたが、安富祖さんの歌には、人をなごませる力があった。

一フィート映画「沖縄戦・未来への証言」を製作した時（一九八六年三月ごろ）、音楽に「散山節（サンヤマブシ）」を入れようと思い、監督の愛川さんに強くそれを主張したことがある。愛川さんは直に賛成してくれた。そして、最良の条件で録音されている全集から移録しようということになり、このことを安富祖さんに話したところ、喜んで応諾してもらった。

「散山節」は、琉球古典音楽の中の代表的な楽曲である。歌詞は親子、兄弟、夫婦など親しい人との死別の悲哀をうたったものが多い。子を失った親が、夢であってほしいと願って、ぼう然と立ちつくしている情景などもあって、映画のモチーフと「散山節」はピッタリであると私は思った。結果は上々だった。

「まことかや実（ジツィ）か我肝（ワチム）ほれぼれと寝覚（ニザミ）驚ちの（ウドルチヌ）夢の心地（イミノククチ）」と、流れる音曲と映画のシーンが見事に融合していた。完膚なきまでに叩きつぶされた那覇の街と那覇港のあたりを、一人の部下を従えて視察するバックナー中将の足取り…。路上に弊履のように捨てられて横たわる老婆の屍体と子供の亡骸などのシーンにかぶさる音楽として、「散山節」はまことにふさわしいものであった。

一フィート運動の台所が貧しく、安富祖さんに、お礼として「ほんの形ばかりで、まことに恐縮です」と、一万円しか渡せなかったことが悔やまれるのである。

安富祖さんといえば、夜おそく帰宅の途中にアメリカ兵の暴漢に襲われ、顔を酷くなぐられ、顔中繃帯をしてベッドで呻吟しているところを、見舞ったことを憶えている。その安富祖さんも、今は亡い。

一九一五（大正四）年、宜野座村字漢那に生まれ、宜野座尋常高等小学校を卒える。一九四〇年沖縄県巡査、一九五四年沖縄労働基準監督署勤務。一九七三年野村流古典音楽保存会々長（五期一〇年）をつとめ、国指定重要無形文化財組踊技能保存者となる。『声音譜組踊工工四』を著した。一九九〇（平成二）年没。

五　詩人・作家たち

原稿より先に原稿料を　　山之口貘

いよいよ「沖縄へ行くんだ」ということで、山之口貘は一九五八（昭和三三）年九月、東京は西武デパート七階ホールで華々しく「沖縄旅行歓送会」を催した。だが旅券がおりず、いつまでも出発できないため、とうとうきまりわるくなって一か月ほど雲隠れする。しかし、一〇月にやっと旅券がおりて、沖縄へ出発。

三四年ぶりの生まれ故郷訪問は実現したが、余りの変わりように驚く。故人になった画家の末吉安久さんが、「貘さんおいで」と染め抜いたノボリを押し立てて泊港の埠頭に立った。私もその一人で、五、六人の人たちだった。

桟橋に船が接岸して元気に降りて来た貘さんの第一声は「ガンジューイ（元気か）」であったが、出迎えの人たちの応えは「おかげさまで」という日本語だった。

貘さんはこの時の様子を次のように書いている。

「郷里の土を踏んだとたんに、ぼくの口を突いて出たのが沖縄方言なのであった。それがまるで郷愁のかたまりみたいに胸からこみあげて来て、「ハイ　ガンジューンアティー」とやったのである。すると、相手は「はいおかげさまで元気です」と挨拶を返して来たのであった。ハイ　ガンジューン　アティーのハイというのは〝よう〟とか〝やあ〟とかいうほどの言葉で、ガンジューンは、元気で、アティーはあったかであり、つまり「よう　御元気でしたか」という挨拶なのであって（中略）日本語流に「はい　おかげさまで元気です」と来られたのには、三十四年分のぼくの郷愁が、肩すかしを食ったみたいな感じなのであった。云わば、郷愁を裏切られてしまったようなものであったが、現在の沖縄の生活のことをおもえば郷愁どころの騒ぎではないことがわかったのである。」（「寄り合い世帯の島」『山之口貘全集 第四巻』思潮社）

「ぼくは二ヶ月の滞在中、好んで方言で話しかけたり、方言で答えたりしたのであったが、まるで方言まで失ってしまったように、どの人たちも、日本語での応答なので、いまや沖縄の日常生活が日本語で営まれていることを知らされて、おもいあまるものがあった」とも書いている。

山之口貘を沖縄は温かく迎えた。詩人に自伝らしい自伝がなかったので、沖縄タイムス社では豊平良顕さんのはからいで、今度の帰省をチャンスに、それを書いてまず新聞に連載しようということになった。それで太田良博記者を付けて、缶詰にし、貘氏に口述してもらい、それを新聞に連載することになった。

ところが貘さん、これに賛成し最初はまめにインタビューに応じてくれたが、中途から、まず原稿料を先に貰おうと言い出した。そして原稿料を受け取ると社に来なくなったりして、散々手こずらされたものである。

半生記は、昔の那覇の大石前（ウフシヌメー）や渡地（ワタンジ）、それに貘さんが若い頃失恋した話など、失われた若い日の思い出を、青春風土記風に仕立てることができた。断続的に続けられた自伝風な文章が、それでも全集を飾ったのは、幸いであった。

沖縄滞在中の貘氏の行動は、昼と夜とではずいぶん違ったものであった。昼は詩人として催しに出たり、講演をしたりと多忙をきわめたが、夜になると、盛り場の桜坂に繰り出して羽根をのばす。懐ぐあいがよく、高価そうなインバネスに身を包んで、バーのソファーにおさまり、踊ったり飲んだりしている姿は、俄か金持ちらしい得意そうな表情を全身で現していた。

「寄り合い世帯の島」というエッセーで貘さんは、次のような文章を残している。

「那覇は勿論のこと、首里へ行っても、中部へ行っても、そばやにはいっても、コーヒー店に寄っても日本語でこないところはなかったのである。ぼくは毎晩、盛り場の桜坂（那覇市内）を飲み歩いた。しかしキャバレーにも泡盛屋にも日本語が溢れていて、方言はすっかり姿を消した感が深くなるばかりなのであった。」

貘さんが、ウチナーグチがすっかり影をひそめた沖縄に、ガッカリしたり、募る郷愁も一気に吹き飛ぶ気持ちになったのは、当然といえば当然だが、このことについては、注釈が必要かも知れない。

大正年間の末に東京に出た貘氏の記憶に宿っている沖縄では、日本語はいわば学校用の言葉であった。学校でも生徒同士は方言、もちろん家庭や地域でも方言の世界であってみれば、漠さんがその落差に驚いても不思議はない。戦後の沖縄社会では、親たちが率先してウチナーグチから離れ、子供たちに日本語を積極的に使うようにさせたために、貘さんをビックリさせる状況に立ちいたったのである。そうとすれば、現在のウチナーグチを見なおそうとする機運は、あるいは自信の現れとして、受け止めてよいのかも知れない。

すべてが戦争で破壊され、艦砲のクェーヌクサー（艦砲弾の喰い残し）同然の故郷。そして沖縄口さえ忘れてしまって大和風に傾いてしまった故郷・沖縄に戸惑いを覚えながら、詩人は知人友人から貰ったお金で、いささかふくらんだ懐をして東京へ帰った。

貘さんは、本名山口重三郎。童名（ワラビナー）はサンルー。那覇区東町大門前（ウフジョーメー）に生まれる。那覇甲辰小学校、那覇尋常高等小学校高等科をへて、一九一七年（大正六）沖縄県立第一中学校に入学、四年で退学、美術団体（丹青協会、ふたば会、フロレンス協会）などに属し、絵を学ぶ。雑誌『榕樹』を創刊し詩作に熱中する。一九二二年上京、関東大震災にあい、罹災者恩典を受ける。

父親の事業の失敗で、一家は離散の状態にあって、二度目の上京を決意する。本格的な放浪・ルンペン生活にはいる。本屋の荷造人、暖房屋、お灸屋、おわい屋といった底辺の職業を転々としながら詩を書きつづける。一九三七（昭和一二）年、金子光晴の立ち会いで見合い、そして結婚。

翌三八（昭和一三）年に処女詩集『思弁の苑』を刊行、四〇年さらに一二篇を加えて『山之口貘詩集』を刊行。放浪生活と結婚生活を歌った詩は、平易な語彙による語りに近い独特なリズムを生み出し、ユーモアとペーソスに溢れる作品世界を築き上げる。四四年から四七年まで、茨城の妻の実家に疎開、五九年七月『定本山之口貘詩集』によって、第二回高村光太郎賞を受ける。六三年新宿区戸塚の大同病院に入院。胃癌

山之口貘　写真提供：沖縄タイムス社

で四ヵ月にわたる闘病生活をつづけ、七月一九日、永眠。六四年、遺稿集『鮪と鰯』が刊行される。終生沖縄を忘れることのなかった詩人である。享年五九歳。

半襟屋を営む詩人　　仲村渠

雌（めす）

ゆうがた端などに　しやがんでゐて　雌は　器用に
甘蔗をかぢる
魚の　あたまや　骨のお汁の小骨や鰭を
えりわけて
完膚ないまでに　たべちまう
櫻ン坊や金柑を
めすは着換えて　波止場にゆく
香奠袋やハンカチを携へてお悔みを述べに
ゆく
めすは嘘をする

めすは風邪をひく
めすは小用する
めすは小走りになる　袂を飜へして
露地に消えた
めすは　上手に笑うのだ　一音階ぐらい周圍の
景色を明るくして
吾人は辟易する　二目ぐらい置いてゐる
吾人は絶対に雌を黙殺できない！
めすは奇麗である
朱いしごきに縛られて
唇のほとりに飯つぶなどを附けてゐる

右の作品は、私たちの同人誌「那覇」の創刊号（一九四〇［昭和一五］年八月出版）に載った仲村渠さんの作品で、いまこの作品を読むと、機智に富み奥さんを題材にしてユーモラスに描いている。奥さんは優しくて笑うと歯ぐきの奇麗な女性だった。

仲村渠（一九〇五［明治三八］年〜一九五一［昭和一六］年）は本名を仲村渠致良

といい、中学を出ると、東京に出て文学を志す。

北原白秋の主宰する「近代風景」に参加、詩を発表する。また村野四郎らと「旗魚」を中心に詩作品を発表。那覇市で「上之倉」に作品を発表。同人誌「那覇」に拠って盛んに詩活動を行う。琉球新報学芸欄に国吉真哲さんの骨折りで、仲村さんを中心に「榕樹派ポエジー展」を月一回、作品を掲載、活動を行った。戦後は琉球新報の前身うるま新報記者となり、うるま春秋の編集に参加する。

戦時中、沖縄の運命を予見するような、死の幻影を表象する詩を書いたらしいが、作品がどんなものだったのか残っていない。戦前、戦後を通じて奇矯な行動が少なく、酒のため躯をこわし病没した。残念なことに、よい詩をかなり書いたのだが、一冊の詩集も残さなかった。兄は軍人で、那覇でも屈指の呉服店の経営者であった。仲村渠さんは兄から資本を分けてもらったのか、那覇市辻町の石門より入口角に、余り売れない半襟屋を営み、美人の奥さんと暮らしていた。

半襟屋の店先は、友人たちのたまり場となっていた。友人とは、元毎日新聞論説委員の古波蔵保好氏、琉球新報の社長（戦後）になった池宮城秀意、私を含めて雑誌「那覇」同人の詩人仲間だった。詩「雌（めす）」はその頃の作品である。

仲村渠（下段中央）と詩人たち

家が防空訓練の標的に　　山里永吉

山里永吉氏は、故人になったが、文学のことでも、人生のことでも私の大先輩で、ずいぶん親しくしていただいた。

山里氏（一九〇二年八月一八日～一九八九年五月五日）は、那覇市上之蔵生まれ、小説家というより劇作家、画家であった。中学三年のときに絵を描き始め、浦崎永錫と一緒に丹青協会絵画展に、一九一九年九月自由絵画展覧会に出品した。

一九二三年上京、日本美術学校に編入、この頃、田川水泡、村山知義と知り合う。一九二四年七月美校在学中に「マヴオ」同人となり、帝都復興創案展や小石川スズランカフェーでの個展に出品する。このときの作品を持ち帰って、那覇の波之上軒で個展をひらく。

一九二六年三科の委員となり洋画、演劇、映画の研究を行う。一九三〇年五月書き下ろし「首里城明け渡し」で沖縄演劇界に新しい風を吹き込む。「首里城明け渡し」は大正劇場で初演、この年「ペルリ日記」も大正劇場で初演された。一九三七年「月刊琉球」を創刊する。

ざっと山里永吉氏の経歴をのべたが、山里永吉氏には余技というには専門家はだしの陶器の鑑定があった。

一九五〇年頃のことだが、私の亡妻がマチグヮーで入手した古陶器十枚一組のうち一枚を、山里永吉氏が家に遊びに来た際、アメ玉を入れて供した。いち早く目にとまったらしく、アメ玉を紙に移し、皿をすかしてみたりしていたが「これを私にゆずらないか」といって、大事そうに持ち帰ったことがある。後で所用があって山里氏のお宅に伺ったところ、例の皿が本棚の上に飾ってあった。「あゝ、あの皿は掘り出し物で、古伊万里焼だよ」と言った。

晩年は絵を画くことに熱中していた。たしか三越で個展をひらいたころは耳が大分遠くなっていて、大声で話すので、絵を見に来た客がびっくりするほどだった。

こんなことを書いていいかどうか迷ったが、実は山里永吉氏には二つの忘れられないことがある。

山里氏が「月刊琉球」を創刊したころ、雑誌の発行に追いまくられ、おりからの防空演習（空襲で焼夷弾が落ち火事になった時、バケツリレーで火を消す演習）に一度も顔を見せないということがあった。それで、奥さんの経営する「ノーブル」という洋裁店（石門・中通り）を目標に防火演習をするとかしたとかで（勿論水びたしになる）、山里氏が困っていたことがある。山里氏は当時の言葉で非国民にされたのである。

もう一つ。那覇の素封家に生まれた山里氏は、銀行員の兄から、文学や絵に打ち込む腑甲斐ない弟と思われていたらしい。山里氏も売れもしない小説を書いていることにうしろめたさを感じていた。山里永吉氏は梯梧の山と呼ばれている森の近くに、ポツンと一軒家（といっても五、六畳に簡単な台所のついた小さい家）を借りて小説を書いていた。東京から帰って間もない頃で結婚もしていなかった。季節は忘れたが冬か秋頃で、友人と二人でその一軒家を訪問した。「トラーッちぃ」と呼んでも中から返事がなく、表の戸をあけて中に入ってみると布団がひかれ山里氏が眠っている。おかしいなァと思って机上を見ると、白い封筒が二つ置いてあり、兄上様、姉上様と書いてある。私ども二人は医者だと叫んでそのまま女医千原繁子さんのところへ駆け込んだ。応急手当ての甲斐あって、生命に別状はなかった。もちろん戦前の話である。このことはうわさにもたたず、当の山里氏に会ってもケロリとした表情で、まずはマブイぬがした（驚いた）くらいですんだのである。

「浮世なだ安く」　新屋敷幸繁

「『平和を願う』…というかわりに、『浮世なだ安く』といえば、一段と具象的な表現になっていると思う。『沖縄のこころ』というのは、つきつめれば、事もない平和な境地を指すものと見られる。

『かりゆし』は日本製の漢語『嘉例』というめでたい例、その吉例を『嘉例吉し』と沖縄語化したもので、この言葉は、沖縄では『サーサーかりゆし』というはやしをつけて言わなければならないほどの躍動感をともない、手の舞い足の踏むところを知らないことになる。」

「幸福の発見」と題する文章からの抜き書きである。

もう一つ。新屋敷さんの書いた久志の汀間部落の福木並木のことについてふれた文章、「水村とよんでもよい所」も好きである。

「汀間の里を例にとれば、極めて明らかに説明できると思う」…「東の海のさんご礁が太平洋の波に洗われてできた真白い砂丘の上に建てられたところ」それが「水村と呼んでもよい」

汀間の里と福木の織りなす典型的な沖縄の村落風景なのであろう。

私の大先輩豊平良顕さんによれば、「新屋敷幸繁さんの元気ぶりに、いまさらのように舌を巻く。もう七十歳を越えるのに、子供たちと角力をとって、しかも負けない」ということだった。

新屋敷幸繁といえば、第七高等学校造士館教授（昭和四年）になったことで知られている。明治三二年沖縄、与那城村に生まれ昭和三二年初代中央高校校長となり、昭和四七年沖縄大学教授、昭和五二年同大学教授となる。著書に『新講沖縄一千年史』『沖縄の笑いばなし』『歴史を語る沖縄の海』がある。また詩人としても知られ『野心ある花』という詩集がある。

優しい奄美人　泉芳朗

お隣りの奄美大島の生んだ詩人、泉芳朗さんの作品は、大分以前から読んでいた。私が名瀬市の市長官舎でお会いした時は、なんだか、旧知の人に久しぶりに会ったような、ある懐しさをおぼえた。一緒に泉さんを訪ねた時の連れが誰だったか、憶えていない。

その時は詩や文学の話ではなく、復帰のことが話題であった。戦後、私は二度奄美大島を訪れている。いずれも、最初から奄美を訪れることが目的ではなく、二度とも東京に行く途中の下船で、滞在したのも、一日か二日であった。

旅館といっても一、二軒しかなく、設備も簡単なものであった。どこかのんびりとした感じが名瀬の街を包んでいた。戦後の立ち上がりは、那覇とは比べものにならず、家らしい家がちゃんと建っているのは、私にとって羨ましいことであった。戦火をこうむった那覇は、カバ屋（テント）が多かった。

泉芳朗さんは、精一杯の御馳走で私たちを歓待してくれた。泉さんはその頃から、奄美復帰運動の中心的人物であった。

本名を泉敏登、徳之島伊仙村・面縄生まれ。一九二四（大正一三）年鹿児島県立第二師範学校を卒業、大島郡の赤木名、古仁屋小学校の訓導となる。一九二八（昭和三）年上京し、小学校の訓導を勤めながら詩集を出版し、文芸誌「詩律」や「詩と詩人」などを創刊した。白鳥省吾や高村光太郎などと親交があったが、一九三九年夏健康を害し帰郷し、教育界に投じた。四七年奄美文芸協会を創立、活発な文化運動を続け、四九年県視学を辞し、一九五二年に名瀬市長となる。

詩集刊行のため上京中、急性肺炎のため死去。（一九五九［昭和三四］年四月九日）

女流作家の草わけ　　新垣美登子

私の記憶にまちがいがなければ旧那覇市の一角、上之蔵通りの真ん中ほどにあった新垣医院の二階とおぼしき部屋か、それとも、植え込みの奥の座敷あたりから、その声は響いてきた。

勿論、若い女声、それもかなり張りのあるソプラノで歌を歌っていた。何の歌だったか忘れたが、歌声は移動するかのように急にきこえなくなった。歌声の主は大胆で、あたりかまわぬといったお転婆ぶりを発揮していた。

後で、歌声の主は、新垣美登子さんだとわかった。

上之蔵という町は、写真屋や医者の家が目立ち、住んでいる人たちはその頃の上流・中流といった暮らしぶりで、石垣囲いの家が連なり、当時流行の蓄音機から流れるピアノ音楽や、最新の流行歌がきこえてきたりした。

東京の日本女子大学に在学中、夏休みかなにかで帰省していたらしい。大柄の花模様の浴衣を着た若い女性が門のところに佇んでいるのを見た記憶がある。

大学を中途でやめて、帰郷してからは、気ままな勤め人暮らし。今でいうＯＬである。交遊関係も派手で、顔立ちは美人ではないが、大柄の目鼻だちのハッキリした、しかもたっぷりと色気をたたえたある種の魅力の持ち主であった。

池宮城積宝と結婚したが、夫婦の生活は平坦ではなかった。

新垣美登子は小説を書くかたわら演劇にもとりつかれ、自分が女優になって舞台

（沖縄芝居）を踏むことも珍しくなかった。

某日、美登子さんの扮する女性に男性が言い寄る場面、つまり美登子さんが濡れ場を演じている場面で、客席で観劇していた積宝氏がたまりかねて、大声で「幕、幕、幕」と叫び出し、お陰で芝居はぶちこわしになった話は有名である。自分の妻君がお芝居とはいえ、他の男性といちゃつくのは、流石に黙っては見ておれなかったのである。

新垣美登子さんは、一九〇一（明治三四）年、那覇市上之蔵生まれ。明治生まれというと、古いタイプの人間にみえるが、しかし、東京時代、それから帰郷しての行動は当世風なモダンガールだった。美粧院を経営するに当って、自由気ままな、あけっぴろげな性格は、誰からも親しまれた。私はよく、先輩の故上地一史さんと美登子さんの美粧院を訪問したが、人をもてなすのに天性のテクニックを備えていて、訪問すると忽ち長火鉢の炭を起して、スキ焼料理をこさえ、酒を出して、下へもおかぬ歓待ぶりで、それがいかにも自然だった。

『沖縄タイムス』に長期連載した新聞小説「黄色い百合」は、こうして実現したのである。この小説は一九五四（昭和二九）年八月一日から三七〇回にわたって連載され、読者の評判がよかった。

晩年は、親友の金城芳子さんが、東京から遊びに美登子さんを訪れるといった格好で、この間、眼を患い四、五年間は暗黒世界の中に暮らすといった逆境時代もあった。開眼手術の結果は、片方の眼だけ完全に視力を取り戻し、自分の生きている世界が美しく見えると子供のように喜んでいた。しかし、金城芳子さんは東京で他界、新垣美登子さんもいまは亡い。一九九六年一二月、九五歳で没す。

歌や踊りで三年忌　池田和

池田和さんに、米軍政下の一号線（現在は国道五八号）を擬人化した痛烈な作品がある。

一号線

何のためにつくられたか
誰のためにつくられたか
そんなことは
悲しさの解決にはならないのか

この道路の向うでは
一体何があるのであろうか…

という章句で始まる詩である。

この作品が書かれたのは一九五五年十月で、池田さんが本格的に詩と取り組んでいた頃である。

『池田常和君を偲ぶ』という百頁ほどの小冊子には、勤務していた那覇地方裁判所長・廣木重喜氏はじめ多くの人たちが、追想記を書いている。それほど池田和さんは友人や同僚、上司から親しまれていた。

端正で、少し頑固な首里コトバは、個性的なイントネーションとあいまって犯しがたい風格をもっていた。池田さんは、一九三二(昭和七)年一一月二一日首里市真和志町で父常徳・母智子の二男として生まれ、熊本県立大津中学校、沖縄県首里高等学校を終え、沖縄群島政府法務部を振り出しに裁判所勤務二七年の公務員生活をつづけている。

池田さんを芸能のとりこにした直接の理由は、沖縄タイムス社の主催する芸術祭に選考委員として社の委嘱を受けたからであった。彼の晩年は、自ら演ずるまで芸能にのめりこんでいた。那覇市民会館で琉球舞踊の発表会のあった夜、少し時間があったので池田氏夫妻とコーヒーを飲みながら話を交わしたのだが、琉球芸能のこれからについて、胸中はやはり彼なりの抱負に燃えている様子がよくうかがわれた。

それから、間もなく琉球大学附属病院に入院したということをきいたが、一九七八年一〇月二二日敗血症のため逝ってしまった。

その後、池田和の生前の文章を集めて一冊の本（遺作集）にして出版しようという話が、新川明氏の発案で始まり、私は遺作集『青い球体・沖縄』刊行会代表ということになった。四六歳の若さで永眠した池田さんには小説、詩、エッセー、評論、民話など多彩な遺作があった。

池田さん没後三回忌にあわせて一九八〇年一一月一日、遺作集出版と池田さんを偲ぶ集まりを、那覇市の沖縄貯金保険会館（首里坂下）で開こうとしていた矢先、池田さんの母堂・智子さん（八三歳）が他界した。この分では洋子未亡人は多分出席できまいということで、集まりを延期するかどうか思い悩んだが、決行と決まり、幕を明けてみると参会者も多く、踊り（佐藤太圭子さん）や古典音楽などあって、珍しい会となった。予算がなく、出演者はすべて自前であった。

捕虜のハワイ渡海　嘉陽安男

嘉陽安男君、いやさんと言っておこう。嘉陽安男さんとは、なんといっても同時代人、というよりアメリカ軍の艦砲弾に肝を潰したという一体感がある。沖縄戦のさなか、島の南部をともにあちこち逃げ回った体験から、即座にチムグクルがわかる不思議な同志感である。

嘉陽安男さんは、一九二四（大正一三）年、那覇市泊に生まれた。県立二中を卒業後間もなく兵役につき、そして、こともあろうに、自分の生まれ故郷沖縄が戦場になると同時に、この島の守備隊に配置される。

戦争世代の多くが、なんらかの形で戦争を引きずっているのにくらべ、彼はいかにも闊達であった。運送業を営みながら好きな小説を書いていた。ところが、時に利あらず彼の経営する事業がうまく運ばない。借金を抱えて青い顔をしていた。その崇りか重い病いを患った。しかし、それもやがて克服した。

新聞小説を書き出したのはその頃である。

戦後、沖縄でいち早く「戦争文学」に手を染めたのは、嘉陽さんである。その小説の特徴は、戦争体験の中でも、捕虜収容所生活という特異な体験に基くものであった。

嘉陽さんは、沖縄の南部戦線でアメリカ軍の捕虜となり、多くの沖縄の人たちと違って、捕虜収容所生活を余儀なくされた。そしてそこからハワイに強制連行されたのである。

どうして捕虜の一部が、ハワイ送りとなったのかよくわからない。一九四五（昭和二〇）年六月末頃、嘉手納捕虜収容所から約一八〇人、金武の屋嘉収容所から約三千人が、米軍の輸送船ＬＳＴに乗せられ、ハワイ島ヒロ市とオアフ島ホノルル市の収容所に移送されたのだが、その中に嘉陽さんもいた。

沖縄におれば食糧さがし家さがしの苦しい生活を余儀なくされた時期に、嘉陽さんは、ちょっと毛色の変わった体験をしたわけである。

捕虜たちはＬＳＴという軍用船に乗せられ、生まれてはじめてＤＤＴという白い粉を頭からふりかけられ、船底に詰め込まれたという。大変なハワイ旅行であったわけだ。その間の事情は嘉陽さんの小説に詳しい。

ハワイ行き捕虜たちは、一〇月三日に第一陣が本土に帰国したというが、沖縄に帰ってきたのは、大分あとのことである。島に帰ってきた捕虜たちは、背中に麗々しくＰＷ（Ｐｒｉｓｏｎｅｒ　ｏｆ　Ｗａｒ）とペンキで書かれたアメリカ軍の衣服を着せられていた。

嘉陽安男は、『新沖縄文学』第一号（一九六六年）に「捕虜」、同誌第二号に「砂島捕虜収容所」、同誌三号に「虜愁」と、捕虜物連作小説を発表した。二〇〇三年八月一八日死去。

借金控えの紙片　伊波冬子

伊波冬子さんといえば、「伊波普猷をめぐる五人の女」の一人であり、歌人としてもたぐいまれな才女であった。

私が最初会った時は、すでに初老の域にあったけれども、すらりとした着物のよく似合う女性で、そこはかとなく色気をたたえた容姿は、さすがだと思った。

冬子さんは詩人でもあった。それは『白菊の花　忍冬その詩・短歌・随想』という遺稿集一巻によくまとめられている。

遺稿集刊行（昭和五九年四月十日、若夏社発行）に尽力した国吉真哲氏によると、沖縄の近代詩は、大正初期ごろから出発し、今日では中央詩壇の水準に達しているが、遺稿集は伊波冬子さんの力量をあますところなく発揮したものだといっている。詩が八三篇一四六〇行、短歌が三〇七首、随想が三三篇で、普通の本にすれば二、三冊になるが、一冊全集の形をとって経費を圧縮したと後記に書いている。
「思慕の章」の中にある作品「沖縄と共に」を次に掲げる。

はらからの行衛もしらぬ戦ひに
山川はかたち失せたりとも
骨肉のかなしきが待つ
ふるさとに帰り住まむ
山原に小屋しつらひて
残る世をへむよと
静かなる日を夢みてありしか
ああただひととせの命を神はあたへず

われはひとりよるべなき命を生きつつ
残る世に堪へざらむとす
とこしへのわれらが住みか
ふるさとにかへりすむやすらひを得るまで

君がみ霊（たま）われと共に忍びたまへ

身辺小説的な興味を「沖縄学の父」といわれる伊波普猷に求めるとすれば、鏡の役目をしたのが、伊波冬子であろう。しかも、それは彼女のおりおりに詠める歌に現われてくる。

「白泥の急須微塵にくだきたる亡き夫の怒りふと思ひいづ」
「夫とありし日々のならはしなほやまず夜のふかきを書よみてあり」
（一九六五年二月二二日）

遺稿集の序文で仲宗根政善氏は次のように書いている。
「昭和三六年に親泊政博、宮里栄輝氏等が中心になって、浦添城跡に伊波霊園を設けて、夫人が遺骨を抱いて帰り、故山に迎えた。郷里に帰られてから冬子夫人は、先生の『琉球の五偉人』を平易に書き改めたり、放送したりして生活を支えておられたが、ついに人の情にすがり、私の近くの松川に、わずか六畳の部屋を借りて、ほそぼそと暮しておられた。先生のご位牌を安置してあるだけで、琉大に譲り渡した残りの先生の旧稿や遺著を包んだ風呂敷があるだけで、調度品らしいものもなかった。それからタルーヤッチーと若い頃から親しみ慕っておられた、山田有功先生御夫妻のご好意で、先生の離れ家に引取られて、余生を送られた。」

冬子さんは、一八九七（明治三〇）年六月十日、父真栄田正隆、母マカメの長女として那覇市久米町に生まれた。長兄之琛、後の勝朗は新聞記者で緑葉と号し、文学者小栗風葉の弟子であった。二番目の兄は之景、通称篤顕、すぐ下の弟は之埼、童名三郎、その弟は之璞、通称一郎である。之璞はオイル（沖縄教育労働者組合）事件に連座し、リンチが原因で死亡したといわれる。

冬子さんは、四人の男兄弟の真ん中で唯一人の女の子であった。一九一一（明治四四）年に当時の沖縄県立高等女学校（県立第一高等女学校の前身）に入学した。同級生に千原繁子さんや、小橋川カナさん等がいた。

一九一五（大正四）年高等女学校を卒業、この年、沖縄朝日新聞が一周年記念事業の一つとして山城正忠氏（歯科医で明星派の歌人、歌集「九年母」の著者）を選者に朝日歌壇を設けたとき、冬子さんは歌作を投稿したが、その時、「忍冬」という筆名をはじめて用いた。

一九一六（大正五）年三月、組合教会ができたとき冬子さんは、比嘉初子、新垣美登子、永田八重子姉妹、知念芳子、玉城音子、名嘉原ツルさんらとともに、伊波普猷、比嘉賀秀（号静観）等の伝道・説教などを聴いた。

一九一九（大正八）年、沖縄県立図書館に司書として採用された。この年伊波普猷が沖縄県内各地を巡って、「血液と文化の負債」と題する優生学講話を琉球方言（ウチナーグチ）で行なったとき、金城朝永（知念芳子の夫君）や名嘉原ツルさんらとともに交替で随行した。その時の冬子さんの歌がある。

「轟の滝見に来れば　にわか雨胸うろたえる君とわれかな」

間もなく、「伊波普猷をめぐる五人の女たち」と、新聞で騒がれることになる。

一九二四（大正一三）年、冬子さんは、図書館をやめて上京、小石川戸崎町に住んだ。そしてお茶の水女子大学の図書館司書としての職を得た。

伊波普猷は、柳田国男、折口信夫らの慫慂により、東京での学究生活に入るべく決意、一九二五（大正一四）年二月、沖縄図書館長を辞め、長鬚を剃り落して上京して、冬子さんとの同居生活を始めた。

伊波普猷と冬子さんの年齢差は二一歳で、親子ほども年が離れていた。

家事にはうといと言いながら、文学的に豊かな情操に培われた冬子さんは、学究生活に疲れた時の伊波の心を慰めるのに、うってつけの女性であった。

一九七四（昭和四九）年から二ヵ年かけて、『伊波普猷全集』全十一巻が平凡社から刊行されたが、伊波がこのような厖大な業績を残した陰に、冬子さんの内助の功があったことを見逃すことはできない。

伊波夫妻にとって戦争は大きな曲がり角であった。一九四四（昭和一九）年五月二六日の東京空襲で、中野区塔ノ山の住居が焼失したことである。

伊波夫妻は、杉並区西田町の比嘉春潮氏方に身を寄せることになり、寄寓生活が訪れるわけだが、この時、金城朝永・芳子夫妻も罹災し比嘉春潮氏の厄介になった。

一九四七（昭和二二）年八月一三日、伊波普猷氏が脳溢血で死去。冬子さんは、全く孤独な境涯におかれることになる。

帰郷するまでの一〇年間は、冬子さんにとって苦難の連続であった。戦後の混乱期を、冬子さんは着物や蔵書を売って、辛うじて生活をしのいだ。

しかし、その半面、冬子さんにとっては、一番充実した時期でもあった。夫君の伊波普猷の師であり恩人ともいえる柳田国男や折口信夫をしばしば訪ね、詩や歌の指導をうけている。折口信夫全集の第二七巻に「伊波冬子の詩」という一頁の記事が収められている。

一九五九（昭和三四）年の春、冬子さんは、郷里沖縄へ帰ってきた。冬子さんの本籍地が東京都中野区となっているため、帰郷するのにも、当時はパスポートを必要とした。生まれ島の那覇に帰っても、転々と居を移している。やがて、山田有功さんの離れの六畳間一間台所付きトタン葺の家居に冬子さんは住みついた。

私が冬子さんを訪ねたのは、ちょうどその頃で、沖縄タイムス社が刊行した『伊波普猷選集』（全三巻）の稿料を冬子さんに届けるためであった。

冬子さんは、大き目の仏壇に向かって線香を捧げ、合掌して、夫へ報告した。「まことにありがとうございます。夫はきっと喜んでいると思います」。家具らしい家具一つない薄暗い六畳間に住んでいた冬子さんの、晩年は淋しかったにちがいない。

冬子さんに同情した座安盛徳さん（琉球放送社長）のはからいで、ラジオの仕事を始めたが、或る日、紙片を大事そうに取り出し、私に示した。〇〇日、何円也と書かれた借金のこまごまとした催促状のようなものであった。冬子さんは、それについては余りふれようとはしなかったが、「今でも私は忘れません。こうして持ち歩いているんですよ」とだけは語った。

冬子さんは、山田有功氏の家の離れが気に入っていたらしく、小屋の住人になって七年間、世を去るまでそこで暮らした。

「古家の梁あらわなる天井に心ひかれて移り来ぬ」

という歌を残している。

冬子さんは帰郷の翌年、一九六〇（昭和三五）年から短歌結社「梯梧の花」に入り、歌作をつづけた。体調を崩し、一九七五（昭和五〇）年七月五日、旧琉球大学附属病院に入院、一一月二二日夕、同病院で死去した。

私が見舞いに行った時、病室には国吉真哲さんがたった一人、意識のない冬子さんの枕頭に坐っていた。

熱烈な啄木ファン　国吉真哲

歌人である国吉真哲さんは、「沖縄啄木同好会会長」でもあった。新聞記者としても私の大先輩である。

国吉さんにいわすれば歌は事象の記録である。だから国吉さんの作品には、時々の時代の波長を映したものが多い。

その国吉さんに歌集が一冊もないということで、国吉さんが参加している「島空間から」の同人たちが相談して、歌集を出版した。それが『国吉真哲歌集　ゲリラ』である（一九九二年）。国吉さんが九二歳のときであった。歌歴も古く、中には大正時代の歌も混じっている。「啄木は青年の書、八十の老爺には冷水なるべし」という歌もあるが、「十九の春すぎたばかりの看護婦にゴム管排尿を委したり」と歌ったものや「バスト八十三、ウエスト五十六ヒップ八十七身長百七十見つめてあれば奪いたくなる」と華やいだ歌作につづいて「天皇を七千の警官が警護して、第三の〝琉球処分〟始まらんとす」といった作品もある。

国吉真哲さんは、一九〇〇（明治三三）年四月八日、父真徳、母カナの長男として那覇区泊に生まれる。一九一五（大正四）年、一四歳で沖縄一中に入学、菊池寛や芥川龍之介、志賀直哉、武者小路実篤などの作品を読む。大正デモクラシーに関心をもつ多感な人であった。

一九二一（大正一〇）年、二〇歳で大宜味村尋常小学校から本部の謝花尋常小学校へ転任。また若手の美術グループ「ふたば会」の第二回展が那覇市公会堂で開かれたとき、詩人山之口貘に誘われて初めて裸婦像を描き出品するも、警察から風紀上好ましくないと厳重注意を受ける。

一九二三（大正一二）年、二二歳のとき関東大震災の直前に帰郷、山城正忠（歌人）を尋ね啄木の歌碑を建てようと話をもちかけ、那覇市の天久の高台（洋順毛）に敷地まで確保するが、資金が二五〇円しかつくれず、ついに断念する。

一九二六（大正一五）年、二五歳の時、安次富美佐子と結婚。四月に代用教員を辞め、又吉康和の紹介で県教育会の機関誌『沖縄教育』の編集幹事となるが、一九三〇

(昭和五)年、二九歳のとき琉球新報記者となり、同紙上に詩壇を創設、詩人の作品発表の場を与える。仲村渠、牧港篤三らの「榕樹派特集・ポエジー展」など月一回、三段乃至四段というスペースを使って発表の場とチャンスを与えた。

一九七七(昭和五二)年、七五歳の時、那覇市内に啄木の歌碑を建立する。場所は那覇市西本町の真教寺境内で、歌碑には「新らしき明日の来るを信ずという自分の言葉に嘘はなけれど」の歌が刻まれている。山城正忠との約束を五四年ぶりに果したのである。

一九七五(昭和五〇)年、八三歳の時、国吉さんは琉大附属病院で、たったひとりで伊波冬子(伊波普猷氏未亡人)さんの臨終に立ち合った。そして冬子さんの遺稿集『白菊の花　忍冬その詩・短歌・随想』を出版している。

一九八三(昭和五八)年八月、八二歳の時、芝憲子、牧港篤三、宮城阿峰、仲松庸全、あしみね・えいいち、大湾雅常らの「沖縄・文学を通して反核・反戦を考えるつどい」に加わり、機関誌『島空間から』に短歌やエッセーを発表した。一九九一(平成三)年、九十歳の時、治安維持法弾圧犠牲者国家賠償要求同盟沖縄支部が結成された時、その会長に選出されている。

国吉真哲さんは、ジャーナリストとしての先達であり、一本の強い背骨をそなえた人でもあった。一九九六年一一月一六日午後二時一三分、肺炎のため入院中の沖縄協同病院で死去。九六歳だった。

六　ジャーナリストたち

宮良メロディーを支える　　宮良高夫

琉球の生んだ近代的作曲家宮良長包は、まだ乗り越えられていない感がする。それほど彼のつくったメロディーは一きわ群を抜いていて、容易に越えがたいのである。この不世出の作曲家の手になる「なんた浜」や「帰り舟」などの楽曲はいまでも人々に愛唱されている。

その宮良長包の曲の歌詞を書いたのが、宮良高夫である。短躯で赤ら顔の、どこか飄々とした振る舞いと、その一方ですばしこい感じを受ける物腰は、彼が新聞記者としてうってつけの人間だったことを物語っていよう。私はとくに親しい間柄ではなかったが、新聞記者として親しめる性格だった。先輩としても好もしく思っていた。

宮良高夫（一九一三［大正二］年三月九日～一九六五［昭和四〇］年四月二一日）

は、戦前の琉球新報、沖縄日報などの記者を経て、最後は毎日新聞の学芸部副部長・編集委員などをつとめている。石垣に生まれ、石垣小学校高等科を終え、県立一中に入学。一九三二（昭和七）年に同校を卒業と同時に琉球新報の記者となり、その後沖縄日報を経て、三八年に毎日新聞那覇通信部に記者として入り、鹿児島支局、西部本社、大阪本社などに勤務し、戦時中はジャワ、ビルマ戦線に従軍、取材した。戦後は鹿児島支局長・西部本社報道部長・毎日新聞本社学芸部副部長をつとめ、晩年は編集委員として健筆をふるった。

郷土八重山を愛し、何かにつけて沖縄をとり上げた。同郷の音楽家宮良長包と協力、作詞活動を行なった。宿痾の高血圧でこの世を去った。享年五二歳。

朝の座禅　座安盛徳

座安さんがまだ琉球放送の社長に就任する以前だったと思うが、私たち社内の若い者を、糸満の自宅に招いて一泊させたことがあった。当時は食い物にもこと欠き、衣・食・住ともに貧しい時代で、私たち若い者に腹いっぱい御馳走し、酒もたらふく飲んでもらおうと思ってのことだったかもしれない。その夜は、食べて飲んで、雑魚寝で糸満の一夜を明かした。

未明に起き出した私は、皆を起こさないようにしのび足で明るくなりかけたバルコニーへ出た。するとそこに座安さんが上半身はだかで、座禅をするような格好で端座していた。私を見た座安さんは「私は、こうして今日一日の段取りを決めるんだ。……クセでね。」と言った。

座安さんが戦時中、軍と関係のある仕事を精力的にやりとげ、戦後は新聞社を起こし、さらに沖縄で初めての放送局開設（琉球放送初代社長）に動いていることを知っていた私は、そのバイタリティーがどこから来るのか、その秘密を発見したような気がした。

座安さんはこまやかな神経の持ち主であるにもかかわらず、どこか茫洋としたところがあり、時に呵々大笑して物に動ぜぬところがあった。後年、病いを得て病院に入院加療をつづけていた時、私がお見舞にいったら、逆に社長の高嶺朝光さんのことを案じる気風だった。「高嶺が生きて元気なうちに、『伝記』を物するように」と私に告げた。

この時の座安さんの願いは、座安さんが他界してのち、高嶺朝光著『新聞五十年』（沖縄タイムス社発刊）として結実した。この本は、又吉稔君が聞き書きをして、最後に私がそれに筆を入れて成ったものである。

座安さんは一九〇一（明治三四）年一月七日、兼城間切（現糸満市）に生まれた。県立農林学校卒業後アナーキズム運動に加わり、一九二三（大正一二）年ごろ鹿児島に移り、同地で琉球絣の行商をしつつ月刊誌『沖縄』（一九二九年三月創刊）を発行、ソテツ地獄から沖縄を解放せよと訴えた。三〇（昭和五）年、沖縄朝日新聞社に入社、一九四〇年、新聞統合により沖縄新報に移り、監査役に就任した。戦後は四八年、沖縄タイムス発刊に参画、五四年、琉球放送を設立、社長に就任する。

座安さんの一生は、実に起伏と波乱に富んでいる。アナーキズム運動の闘士となったり、文筆活動に打ち込んだり、経営者として手腕を発揮したりと、その多彩な活躍は目をみはるばかりだ。

最後に特筆しておきたいことは、一九一八（大正七）年ごろ、「黒手人」のペンネームで、歌人の山城正忠と新聞紙上で論争を交わしたことである。この論争は、沖縄における民衆芸術運動の嚆矢である。

一九七一（昭和四六）年十月二九日、肝硬変により死去。享年七十歳。

沖縄タイムスの設立委員　1949年　写真提供：沖縄タイムス社

ビリヤード風の挨拶　上地一史

私が新聞記者を志して、まず入社したのが沖縄朝日新聞である。どうして沖縄朝日新聞なのかは抜きにして、新聞社に入って新聞記者のＡＢＣを教えてくれたのが上地さんだった。細身で長身の躯からあふれるエネルギーは、なかなかなもので、スマートなスーツに身を包み、いつもステッキを持っていた。新聞記者がなぜステッキを肌身離さず持っていたのか、いまもってわからない。

当時、那覇市内に常設の映画館が二つあったが、よく行ったのは西本町の平和館で、上地さんはよく私を誘った。なぜか新聞記者は木戸御免つまりフリーパスであった。無造作に入って、四、五分もすると、ロクに映画も観ずに外へ出た。それがいかにもかっこよかった。

当時、那覇飛行場（空港）に宇野という軍人上がりの場長がいて、各社の記者は敬遠していた。悪い意味の官僚タイプで、人を人とも思わぬ、要するに威張りくさった人物である。

或る日、上地さんに連れられて那覇飛行場に行った。上地さんは私を彼に紹介し終わると、おもむろにテーブルの上の場長の湯呑みを狙って、いつも持ち歩いているステッキを玉突き（ビリヤード）の要領で構えて、思い切って突いたのである。湯呑みは宙を飛んで、地上に落ち、こっぱ微塵に砕けてしまった。宇野飛行場長は怒るどころか完全に上地さんの行為に呑まれてしまって、一言もなかった。心なしか、その後、宇野の態度は急変し、あいそ笑いまでするようになった。

上地さんには知られない別の一面がある。

第一次大戦後の全国的な社会主義運動の波が沖縄にも打ち寄せ、一九二一（大正一〇）年の沖縄初のメーデーでは、「せかいの、あがちゃーたー、けーな組み」（万国の労働者よ団結せよ）と叫ばれた。大正一五年に、在本土沖縄県人会の活動家松本三益の指導で山田有幹、東恩納寛敷、渡久地政馮を中心に沖縄青年同盟が組織され、昭和六年には、真栄田一郎、安里成忠、志多伯克進、大城永繁らによって沖縄教育労働組合（ＯＩＬ）が結成された。こうした時代を背景に、昭和初期の若者たちの活動があり、その動きは社会を驚かせた。

その一つに癩保養所設置に対する若者たちの反対運動がある。世にいう嵐山事件で、上地さんは、宮城清一、大城永繁、平良良松（後の那覇市長）とならんでその指導者の一人であった。この四人の若い闘士たちの写真が『激動の記録　那覇百年のあゆみ』（那覇市企画部市史編集室発行）の八七頁に載っている。

沖縄戦当時、第三二軍軍司令部徴用の報道班員になった上地さんと私は、たえず行を共にしていた。米軍の沖縄上陸は必ずあるものと予想した私たちは、当真嗣合社長を本土へ疎開させる必要があると判断していた。そのために、上地さんと私は、第三二軍司令部へ日参して、どうにか切符を手に入れることができた。その時の上地さんの粘り腰と気迫は忘れがたい。

間もなく上地さんは北部で新聞を発行するため山原へ移動した。戦争が終わるまでの上地さんのことは私には空白になっている。聞くところによると上地さんは、例の気性で、北部に駐屯する軍人たちのいうがままにならず、軍隊も一目置いたかっこうだったという。「上地さんは戦争中、日本刀を吊っていた」といううわさ話もあるほどで、私は、さもありなんと思った。

上地一史、一九〇三（明治三六）年一一月一〇日、屋我地村（現名護市）に生まれ、一九二八年沖縄県立水産学校を卒業、一九三九（昭和一四）年沖縄朝日新聞に入社。一九四六年、羽地村の助役をつとめ、沖縄水産組合連合会副会長（一九四七年）となる。高嶺朝光、座安盛徳、豊平良顕氏らと共に沖縄タイムス創刊に参画。取締役編集局長、専務取締役を経て六五年に社長に就任。翌年沖縄電子計算センター代表取締役社長就任。琉球放送創立にも参加。一九七四年九月、ヨーロッパ産業視察旅行のため沖縄を旅立ったが、TWA航空機の墜落事故で死亡。享年七〇歳。

それは訃報だった　高嶺朝光

家門、家柄とそのどれもが申し分ない人。つまり、高嶺朝光さんは若輩の私からみても、まごう方ない本物であった。

一八九五（明治二八）年三月二一日、首里山川に生まれた。父朝教、母カメの長男。父朝教は県費留学生、慶応義塾に学んだ政治家であった。朝光は幼いころから、沖縄の知識層、ジャーナリスト、政客にかこまれた環境に育った。

これは、高嶺朝光さんから直接聞いた話。父朝教の病が篤く、家族はみんな心配していた。ある朝届いた新聞の社会面を見ると、高嶺朝教の名前の上に「故」の文字がある。臥せっていても毎朝新聞に眼を通すのが朝教の日課である。息子の朝光をはじめ家人は、どうすれば朝教がその日の新聞を読まずにすむか、いろいろ考えたが、よいチエが浮かばない。癇癪持ちの父のことだから、その怒りようがわかるというもので、あるいは卒倒するかも知れない。そこで「今日は新聞は休刊日です」と嘘を言って急場をきり抜けたという。

記事は、筆は立つが、生来の粗忽者で通っている福治友衛という記者の書いたものであることが後でわかった。

高嶺さんは、一一歳のとき、父朝教と母につれられて上京して、東京麹町区富士見町の尚侯爵邸に仮寓するという貴重な体験をしている。

首里に帰ってから県立一中を卒業、慶応義塾大学理財科へ入学、中退して一九二三（大正一二）年帰省、一九歳の時に沖縄朝日新聞記者となる。

高嶺さんは、自分自身の希望からか、あるいは父朝教やまわりの人たちのすすめによったのか、新聞社に入社する以前に、西表の炭坑に就職している。これは生前御本人の口からきくべきだったが、果せなかった。寡黙な人だが、興にのりしゃべり出すとなかなか止まらない人だっただけに残念である。

私は駆け出しの頃、高嶺編集局長が怖かった。当時から社員は高嶺さんをウメー（お殿さま）と呼んでいて、近寄り難い思いをしていた。といって、敬遠するのではなく、人間的には誰しも親近感を抱いていたと思う。高嶺さんが編集局長時代、社会部記者の岡本哲秀さんの書いた記事が、軍や憲兵隊を激怒させたことがある。熊本第六師団の沖縄勤務演習で来県した兵士数人が、農家の娘を暴行したことを大きく報道したことが発端であった。

岡本記者としては、軍の横暴を許すわけにはいかないと、筆誅をくわえたつもりだが、憲兵隊がいきりたった。着剣した一個小隊ほどの兵隊が新聞社の前に陣取り、にらみをきかした。高嶺さんは軍部に対して一歩もゆずらなかった。軍としては平伏するものと思っていたのだろうが、高嶺さんの毅然とした姿勢にあてがはずれた。そこで解決策として、新聞社は陳謝はせず、「訛報」という新語を掲げて一件落着となった。この時の高嶺さんのジャーナリストとしての反骨精神と、沈着冷静な判断力は当時高く評価された。

高嶺さんの冷静な判断力は沖縄戦中遺憾なく発揮され、そのおかげで私たちが命拾いしたことがある。

一九四〇年、一県一紙の国策により新聞三社が統合され「沖縄新報」となった。社長の当真嗣合氏が九州に疎開していたので、総務局長、専務をつとめていた高嶺さんが陣頭指揮をとって、首里城台地下の地下壕で新聞を発行していた。社員およそ三〇人をたばねて、弾雨の下で新聞を発行していたのだが、いよいよ首里も危なくなった。島尻南部に下る時、高嶺さんは社員全員を集めて、「われわれは十分新聞発行の使命を果した。これからは新聞社員は各々で行動をしなければならないが、絶対に軍とは行動をともにしないこと」と告げた。軍（第三二軍）は摩文仁方面へ集結したが、わ

桜島をバックにした高嶺朝光と牧港篤三

れわれは摩文仁を離れて、軍とは別の方向へ逃れたのだ。自由な民間人の発想が結果としては、戦争による社員の死を救ったのである。

このことについては、高嶺さんの『新聞五十年』にくわしく記述されているので、これ以上ここではとり上げない。

高嶺さんの反骨ぶりをしめす挿話をもう一つ加えると、戦後、琉球政府は米軍の指導下にあった。警察部にも古手のアメリカ軍人がいて、その軍人がアメリカに引き上げることになって、沖縄の警察幹部は、その留任を策し署名運動をくりひろげた。高嶺さんにも彼らは署名を乞うてきたが、高嶺さんは言下にそれを断わった。「あなた方にとっては、なるほど大事な人かも知れないが、私にとっては無用の人です」というもので、やはり筋が通っていた。

退社後、高嶺さんは、八重山旅行から帰り、疲れ気味だったが、一九七七（昭和五二）年七月四日他界した。享年八二歳だった。

復帰論以外にテーマがありますか　　比嘉盛香

比嘉盛香君が沖縄タイムス社に入社した頃は、実は新聞はまだ発行されていなかった。それはちょうど生みの苦しみの時期で、高嶺朝光さんをはじめとする先輩とともに私たちは、那覇市内のある民家の借家に顔を揃えて「ああでもない、こうでもない」と言い合っていた。比嘉君は、アメリカ軍部隊（？）に勤めていたのを辞め、新聞記者になる目的で沖縄タイムスに入社していた。

たまに、高嶺さんと私と比嘉君の三人だけになることがあった。そんなときは、話題を探すのに困ってしまって息がつまるほどであった。三人ともおそろしく無口であったからだ。高嶺さんが煙草を喫い、そうそう煙草の買えない私たち二人はそれを黙って見つめているといった具合で、文字通り無言の行を演じていた。気の毒に思ったのか、高嶺さんが、一本づつ煙草を二人にふるまってくれることもあった。

朝から同じ部屋で机を並べていても、こちらから話しかけなければ一日中無口で通した。その比嘉君も酒が入ると別で、人が変わったようにしゃべりまくる。ためこんだ話が、ほつれた糸のほどけるように延々と続く。どうして、こんなに豹変するのだろうと不思議に思うほどであった。

比嘉盛香は一九二二（大正一一）年一月一三日、首里崎山町の生まれ。県立一中を経て一九四三（昭和一八）年東京外語大学インド語科を卒業、間もなく兵役にとられ、旧満洲（中国東北地方）へ転戦後シベリア抑留となる。復員は一九四八年。創刊間もない沖縄タイムスに入社。政経部長、論説委員を経ている。

新聞記者になるまでは、米軍関係のＡＪにつとめていた。ＡＪでの仕事は通訳だった。だが、新聞社では彼の英語をついぞ聞いたことがない。いつか編集局にアメリカ軍の将校が来訪することになっていて、比嘉君に通訳を頼んでいたが、とうとう姿を見せなかった。どういうわけか、一番嫌なのは通訳で、アメリカ人を見ると逃げてばかりいた。

日頃の冷静さにもかかわらず、彼の書く「復帰論」はいつも熱気を帯びていた。まるで社説のテーマは「復帰論」以外にないといった熱の入れ方だった。私はみかねて「盛香君、復帰論というテーマにかたよりすぎはしないか」といったことがあるが、彼はむきになって「いま沖縄で復帰以外に、重大なテーマがありますか」と反論した。

比嘉盛香君には奇妙な信念？　があった。それは決してヤマトの土を踏まないという信念で、それを死ぬまで貫いた。

比嘉盛香君は、高嶺社長の死から一五日後の一九七七年七月一九日、胆汁性腹膜炎のため死去した。復帰前後の沖縄の世論に大きな影響を与えた彼の新聞社説は終わりをつげたのである。

一時間の電話はザラ　上間正諭

昭和二〇年五月一三日、朝日新聞第一面に、「沖縄本島従軍第一報、沖縄最前線にて本社宗貞特派員発」という記事が載った。そしてこの紙面には、宗貞氏と上間特派員の顔写真も並んでいた。

見出しには「水もなく乾麺麭を噛り、鬼神も哭く奮戦・敵最前線に黒人部隊」と、大きな活字が躍っている。内容は、凄絶な血戦相つぐ沖縄戦況を伝えるもので、那覇市局長宗貞利登特派員の従軍記である。この記事にはさらに、戦線従軍中の上間正諭特派員（那覇支局員）が敵弾のため負傷しつつペンの血戦をつづけている云々と、たぶんデスクの手になるリード文がある。当時の新聞の戦争協力ぶりの見えすいた書きっぷりで、現在この記事を読めば、当の上間さんは恥ずかしさのあまり、穴があれば入りたい心境であろう。私も上間さんも、共に沖縄戦の犠牲者の一人である。さらにいえば、ことに私などは一種の加害者であったともいえるのである。

上間さんと私は戦前からの新聞記者仲間である。私は沖縄新報社員で、上間さんは朝日新聞記者（那覇支局員）であった。違う新聞社に属してはいたが、記者仲間の親しい間柄であった。

この関係は戦後、二人が沖縄タイムス社に入社して同僚記者として机を並べるようになってからも変わらなかったし、上間さんが社長、私が専務になっても同様だった。上間さんとは数十年にわたって向かいあって記事を書き、長い時間をともにすごした。戦争中の肉体的・精神的試練が、見えない力で二人をとりもったのかもしれない。

沖縄戦の最中、首里城正殿左側にある壕の中で新聞を発行していた私などと違って、第三二軍の壕をはじめあちこちの壕を仮の支局としていた朝日新聞那覇支局員としての上間さんは、書き上げた原稿をまず軍に見てもらわなければならなかった。それは体のよい検閲だった。

東京の本社（朝日）に送稿するには、軍の施設（通信所）を借りるほか手はない。アメリカ軍が上陸してからつごう五本の電報を本社宛に打ったというが、上間さんは、首里の郊外にある（西一・五キロ）弁ヶ岳の軍通信所に記事を打電してもらうため、弾雨の中をそのつど走らなければならない。上間さんが負傷したのは、報道原稿を届けにいった帰りの災難で、砲撃のため破砕された石塊が飛んできて腰部に当ったのだった。

上間さんとは、いつも肩を並べて那覇の街を歩いた印象が消しがたく、懐かしい思い出になっている。話に熱中すると上間さんは、私の方に体を押しつけて迫ってくるので、こちらは溝の方に追いやられ、危うく溝に片足をつっ込みそうになったこともある。実際話に夢中になると、何時間もとまらない。こちらが湯上がりのまま電話に出ると、裸のまま一時間もつき合わされたことだってある。

これはごく最近になってからだが、お互いに年をとり、毎日電話をするのもおっくうだからと、二人で話し合って一日一回の葉書通信を始めた。それが何百通かたまっている。生きている限りこのハガキ通信を続けて行くつもりでいたが、上間さんの死で、それも途絶えてしまった。

正諭の諭は、上間さんの父親が福沢諭吉を尊敬していて、諭という字を拝借して付けた名前という。上間さんはそう照れ臭そうに説明していた。

上間正諭さんは一九一五（大正四年）年七月五日、那覇市泊に生まれた。県立二中を卒業して、一九三五年に沖縄朝日新聞社に入社し、一九三九年には朝日新聞那覇支局に勤務。二〇〇〇年一月一日死去。

沖縄を代表する言論人　豊平良顕

戦前戦後を通して、沖縄にやってきた文士や作家の印象記をまとめてみたが、何しろ六〇有余年の歳月にわたっているために、印象がバラバラだったりして、個々の内容については正確は期し難い。しかし、沖縄に生まれ育っていろんなことに直面して（ことにあの沖縄戦に）歴史の息遣いを深く刻んでいった過程を、大事に思わないわけにはいかない。そういったことが、こんな文章を書かせたといえる。

しかし、私にとって、沖縄と共に忘れ難い思いをする人たちのいたことも事実である。それを交友録風に書くことはたやすいが、二、三の人たちにとどめておきたい気持ちも動かせない。

その一人、つまり沖縄を代表する言論人、文化人、また私という一個の人間にとって師表ともいえる豊平良顕氏について記しておく。

ここに豊平良顕氏の人となりをあますことなく表現した文章があるので、引用する。『『愚直…。これは、こざかしさを捨てた大らかに生きるということ。沖縄の心です』菊池寛召致受賞するなど沖縄を代表する言論、文化人で、沖縄タイムス社最高顧問の豊平良顕氏は、見舞いの友人の手を握り、しっかりした口調で話した」

「言論の弾圧と空白。全国紙や本土の地方紙では例を見ない。その波乱と苦難の歴史が沖縄における戦後の新聞再生のバネになり、平和主義に徹するたくましい言論風土を生んだ。と同時に古い新聞人にとっては、つらい再出発でもあった。」

「心に深い傷を刻んだまま、もう一度、ペンを握ることになる。」…

「戦前『沖縄朝日新聞』を経て朝日新聞の初代那覇支局長になって豊平氏は、戦時体制下、軍の命令による一県一紙統合でできた『沖縄新報』の編集局長に就任した。『沖縄新報』は、米軍が上陸、砲火が飛び交うさ中も、首里の司令部壕に足踏み式印刷機を運び込んで戦局報道を続けたが、昭和二十年五月二五日、司令部の南部撤退とともに解散した。その後、豊平氏は、島尻の山野をさまようちに米軍の捕虜となった。戦場や収容所は死体の山だった。その光景が目に焼きついた『私は戦犯だ』。痛みはずっと消えなかった」

「沖縄タイムスの創設に参加、同僚から要請されながらも、編集の中枢である編集局長就任を拒否した。」

「『沖縄文化の演出者』ともいわれる。『沖縄タイムス』で最も力を入れたのが『芸能文化の再興』だった。菊池寛賞は、この功績による。『タイムス』が創刊になる二年前の昭和二一年三月、収容所から郷里の首里に帰り、イモ掘り作業に駆り出されながら真っ先に始めたのが文化財の発掘、収集することだった。やがて焦土の地から琉球の歴史を伝える陶器や漆器などの民具がよみがえった。小、中学校の校庭にできた露天の舞台では、沖縄芝居が復活した。これが『沖縄の魂』を取り戻すきっかけになる。手さぐり状態で始めた文化復興運動は荒地を潤す慈雨のように、人々の心に浸透していった。」

「新聞社の第一線から退いた後も発言しつづけた。昭和五十年の沖縄海洋博前に『沖縄の文化と自然を守る十人委員会』を結成。復帰で押し寄せた開発の波から自然を守るため、政府に環境保護対策を訴えた。新石垣空港建設をめぐって、最近まで、自然破壊に警鐘を鳴らす論陣を張った。『平和を造る百人委員会』の代表として積極的に基地問題を取り上げた。」

「自ら経営する新聞社や自分に対して厳しかった。『経営を守るために筆を曲げるような新聞はつぶれた方がよい』、『権力におもねる姿勢が出たとき、言論は死滅する』。死の直前まで毅然として『鉄の意志』を貫いた。」

「『葬儀無用、弔問、弔辞、供物を固辞せよ』。親族は遺志を厳格に守った。（中略）なによりも、葬儀どころか引き取り手もなく戦場にさらされた沖縄戦犠牲者のことが脳裡から消えなかったかも知れない」


以上は、いまは廃刊となった「朝日ジャーナル」（一九九〇年二月二三日号）に掲載された、朝日新聞那覇支局長・井出泰成氏がまとめた「『鉄の意志』を貫いた沖縄の新聞人」と題するエッセイを勝手にアレンジしたものである。

私が上間正諭氏と共に豊平氏を見舞ったのは、一九九〇年一月二五日の昼で、豊平氏はベッドの上に横たわっていて、意識もハッキリしていた。そして「最愛の妻子を喪い老残の孤愁耐え難し生きる術なし」と自作の短歌を口述して、上間氏が筆記した。帰る間際に私に机の中から財布を取り出すように命じ、中から一万円札を一枚とり出し、「これは一フィート運動」へのカンパだ、君持っていってくれないかと言った。それから三日後の一九九〇年一月二七日不帰の客となった。

豊平良顕。一九〇四（明治三七）年一一月一三日那覇市首里に生まれ、一九一九年沖縄県立第一中学校を中退、一九一九年から一九二三年まで、中頭郡西原尋常小学校代用教員兼青年補習学校教諭心得をしたのち、一九二四年沖縄朝日新聞社に転じ、同社で十カ年記者生活を送った。一九三四年大阪朝日新聞社那覇支局長に迎えられ四四年まで務め、同年、沖縄新報編集局長となる。

戦後は一九四七年から一年間首里博物館に勤務し、一九四八年沖縄タイムス社創設に参加、同社常務取締役となる。六二年同社専務取締役、六四年同社副社長を経て六五年取締役会長となった。

豊平氏の反骨ぶりをしめすエピソードがある。戦前のことだが、県庁にヤマトから

豊平良顕

朝日新聞那覇支局

若い課長が着任してきた。新聞記者として豊平氏がアイサツに行くと、その課長が「トヨヒラクン」と呼んだ。すると豊平さんはすかさず、「××君」と呼び返した。それは電光石火のことであった。まわりの部下たちが敬愛の念をこめて「豊平さん」と呼ぶので、新任の課長も態度を改めた。

豊平良顕氏には、天性とでもいうべき文章芸があった。私が駆け出しの記者時代、四苦八苦してまとめた原稿に目を通してもらうために持っていくと、豊平さんは一読して、ばらばらに解体してしまうのである。そして、おもむろに口述にかかる。その通り書きとめると、これ以上動かしようのない立派な文章と化している。これにはおどろくほかなかった。全体の三分の二は消え、贅肉はすっかり取り払われている。もちろん、こうした経験は私一人ではない。豊平氏さんは口述改造文体の達人であった。

牧港篤三略年譜

一九一二（大正元）年　九月二〇日　那覇市上之倉で、父牧港朝佐、母カマドの長男として生まれる。父は首里の牧港殿内（まちなとどぅんち）の出身。

一九一九（大正八）年　七歳　那覇尋常小学校に入学。

一九二五（大正一四）年　一三歳　那覇尋常高等学校に入学。

一九二七（昭和二）年　一五歳　沖縄県立工業高校へ進学、漆工科で蒔絵などを学ぶ。

一九三〇（昭和五）年　一八歳　県立工業高校を卒業。

一九三二（昭和七）年　二〇歳　大城から牧港姓に改姓する。

一九三三（昭和八）年　二一歳　沖縄県工業指導所の漆器部に就職。

一九三五（昭和一〇）年　二三歳　「琉球新報」の「榕樹派ポエジイ展」に、仲村渠、玻名城長正、喜友名青鳥、松山聖、藤村一穂らとともに毎月一回作品掲載。

一九三七（昭和一一）年　二四歳　「沖縄朝日新聞」に入社。

一九四〇（昭和一五）年　二八歳　八月、同人誌『那覇』を創刊。十二月二〇日、県内新聞が統合され『沖縄新報』として一県一紙となる。

一九四一（昭和二〇）年　二九歳　四月二九日　翁長文枝と結婚。

一九四五（昭和二〇）年　三三歳　三月二六日　アメリカ軍、慶良間諸島に上陸。『沖縄新報』記者として現地徴集報道班員に。六月頃、糸満の真壁で米軍に捕まる。

一九四七（昭和二二）年　三五歳　沖縄タイムスの創刊準備に参加。

一九四八（昭和二三）年　三六歳　六月一五日　高嶺朝光、座安盛徳、豊平良顕、上地一史、具志堅政治、前田宗信、上間正諭、大山一雄らとともに沖縄タイムス社設立委員会を発足。七月一日　沖縄タイムス創刊。

一九四九（昭和二四）年　三七歳　一一月一日　豊平良顕、太田良博とともに『鉄の暴風』を執筆脱稿。

一九五〇（昭和二五）年　三八歳　六月一五日　『鉄の暴風』出版。

一九六二（昭和三七）年　五〇歳　九月一四日　沖縄タイムス臨時株主総会で取締役に就任。

一九六六（昭和四一）年　五四歳　四月、『新沖縄文学』創刊、初代編集長に。

一九六七（昭和四二）年　五五歳　三月一日　沖縄タイムス社文化事業局長となる。

一九六八（昭和四三）年　五六歳　一〇月一日、「沖縄タイムス」の機構改革で総務担当常務に就任。

一九七一（昭和四六）年　五九歳　五月、全詩集『無償の時代』を那覇の共同印刷出版から出版。

一九七二（昭和四七）年　六〇歳　五月一五日、沖縄の日本復帰。

一九七四（昭和四九）年　六二歳　沖縄タイムス社代表取締役専務に就任。

一九七八（昭和五三）年　六六歳　沖縄タイムス社相談役に就任。

一九八〇（昭和五五）年　六八歳　『沖縄自身との対話／徳田球一伝』を沖縄タイムス社から出版。

一九八二（昭和五七）年　七〇歳　六月　儀間比呂志と詩画集『沖縄の悲哭』を出版。

一九八三（昭和五八）年　七一歳　一〇月二五日、「沖縄戦記録フィルム1フィートの会」準備会発足、代表に仲宗根政善、副代表に宮里悦、牧港篤三、福地曠昭決定。

一九八四（昭和五九）年　七二歳　八月一五日　『沖縄・反核・反戦文学アンソロジー島空間から』を出版。

一九八六（昭和六一）年　七四歳　一一月二一日　『幻想の街・那覇』を新宿書房から出版。

一九九〇（平成二）年　七八歳　一月二二日　上間正諭と豊平良顕を見舞う。豊平の「最愛の妻子を喪い老残の孤愁耐え難し生きる術なし」の歌を口述筆記。一月二七日、豊平良顕死去。

一九九一（平成三）年　七九歳　三月一六日、妻文枝死去

一九九二（平成四）年　八〇歳　五月二〇日、那覇市市政功労賞受賞

一九九五（平成七）年　八三歳　七月一九日「沖縄戦記録フィルム1フィートの会」の代表に選出される

二〇〇四（平成一六）年　四月一四日　県立那覇病院で死去。享年九三歳。

［この年譜は宮城義弘氏の「牧港篤三氏の年譜」（「叙説」XV号）をもとに作成しました］

牧港篤三

あとがきにかえて

〝ちょっといいはなし〟

阿南径子

この本が出版されるにあたっては、大変感慨深いものがある。実はこの本の原稿がかつて父の命を救ったと言えるかもしれないのだ。

今から一〇年以上前、夫が日頃の父との会話の中から面白い話がたくさんある事に気が付き、戸板康二の『ちょっといい話』的な本を書いて欲しいと頼んだ。その原稿の一部をボーダーインクの宮城社長が預かってくださっていた。

父が八三歳のとき、突然心不全で入院した。バイパス手術をすることになったが、父はこの年で大手術をするのはイヤダと拒み続けた。私は説得役として「五人のお医者様全員が手術は大丈夫だと言ってくれている。なにより手術をしなければこのままトイレにも自力で行けなくて寝たきりの生活を送らなくてはならないのよ、それでもいいの?」と言うと、手術を受ける気になってくれた。一三時間に及ぶ手術に耐えて、父は同室の同じような手術を受けた三〇代の男性よりも回復が早いくらいだった。そろそろ退院できるかもしれないと思った頃、父が院内感染にかかっていることがわかった。医者は「とても忍びないのですがもう一度胸を開けて骨を削らなくてはなりません」と言った。大手術を切り抜けたと喜んでいた父の失望は想像以上に大きかった。二度目の手術の後、父は生きる望みを捨てたかのように、拒食症になってしまった。食事時間は恐怖の時間となり、やっと一口食べると後はいらないと押しやる始末。リンゲルだけなので体重は三八キロまで落ち、手術のときの傷口は大きく開いたままだった。でも担当のお医者さんはとても有能で信頼のおける方だったので院内感染をしたとしても私たち家族はまったく責める気にはならなかった。午前中に血液検査をしたら午後には自ら結果を報告しに来てくださった。例えば肝臓の数値が悪かったらあの薬の副作用だと思うからその薬を止めましょう、と引き算方式で対応してくれた。何より先生が一番感染に気をつけておられたのはよくわかっていたし、これで感染したとしたらしょうがないと家族のみんなが思った。

日に日に弱っていく父をみて私はある小さな嘘をつくことにした。「あのね宮城さんに預けてあったあの原稿が本になるらしいよ。書き加える事もたくさんあるだろうし、手直しも必要でしょう」と……。父は「そうか」と嬉しそうな顔をした。しばらくして「おなかがすいたから売店に行ってソーミンチャンプルーを買ってきてくれないかな」と言ったのだ。その日から食欲が出てどんどん回復していったのは言うまでもない。

私はそれからまもなく大阪へ戻ったが、同居している弟夫妻が手厚く看護をしてくれたお陰で父はまた一人でタクシーに乗って本屋さんに行ったり、デパートに行ったりという生活を送れるようになった。今年九二歳を迎える。

追記

私が先のあとがきを書いてわずか三週間後に父は亡くなりました。朝はみんなで食事をしたのに夕方貧血がひどくなって救急車で運ばれたそうです。検査の結果なんと肝臓に一二センチもの腫瘍が出来ていたということ。それでも肝臓半分を壊死させるような処置をして、出血を止めると元気になり、たまたま沖縄へ行っていた夫や、兄弟の電話では「再び奇跡が起こるかもしれないよ、ひょっとしたら一〇日位で帰れるかもしれない」と言っていたのです。私も大阪から駆けつけて、朝から夜まで付き添いました。父はとても我慢強く穏やかなまなざしで一日一日をすごしました。

でも目を覚ましたすぐは「ここは山の中なの?」とか「鉄砲を持った人たちが庸一(同居している小学生の孫)も一緒に山の方へ行ったけど大丈夫か?」等と戦争中にタイムスリップするので、「ここは病院よ」といろいろ話をすると「ああそうか」と現実に戻るのでした……。息をひきとる三～四日前には「本の表紙は明るい色がいいな。オレンジがいいかな」などと口にしておりました。私たち遺族にとりましても、元気なうちに手に取ってもらえなかったことが、ただ一つの心残りです。父は一〇年ほど前からコツコツとこの本の元になる原稿を書き継いでおりました。脳裏にはいろんなことが去来したことと思いますが、それなりに充実した日々ではなかったかと、私たちはみずからを慰めています。

出版にあたっては、新城栄徳氏（「琉文手帖」主宰）（有）ボーダーインクの宮城正勝さんと喜納えりかさんには、ひとかたならぬご尽力をいただきました。また、沖縄タイムス社には多大なる協力を賜りました。心から感謝申し上げます。

沖縄人物シネマ

会った人、すれちがった人

二〇〇四年六月一日　第一刷発行

著　者　牧港篤三（まきみなと　とくぞう）
発行者　宮城正勝
発行所　（有）ボーダーインク
〒九〇二―〇〇七六　那覇市与儀二二六―三
電　話（〇九八）八三五―二七七七
FAX（〇九八）八三五―二八四〇
印　刷　株式会社　近代美術